闽南师范大学学术著作出版专项经费资助

福建省中国特色社会主义理论体系研究中心 2019 年度项目"新时代中国特色社会主义幸福观对马克思幸福思想的理论坚持与时代发展"（项目批准号：FJ2019ZTB003）

幸福引导 积极成长：
大学生幸福观教育研究

潘姗姗　著

吉林大学出版社

·长春·

图书在版编目（CIP）数据

幸福引导　积极成长：大学生幸福观教育研究 / 潘姗姗著. — 长春：吉林大学出版社，2023.1
ISBN 978-7-5768-1345-6

Ⅰ. ①幸… Ⅱ. ①潘… Ⅲ. ①大学生－人生观－教育工作－研究－中国　Ⅳ. ①G641.2

中国版本图书馆CIP数据核字（2022）第244746号

书　　名：	幸福引导　积极成长：大学生幸福观教育研究
	XINGFU YINDAO　JIJI CHENGZHANG：DAXUESHENG XINGFUGUAN JIAOYU YANJIU
作　　者：	潘姗姗
策划编辑：	邵宇彤
责任编辑：	杨　平
责任校对：	王　蕾
装帧设计：	优盛文化
出版发行：	吉林大学出版社
社　　址：	长春市人民大街4059号
邮政编码：	130021
发行电话：	0431-89580028/29/21
网　　址：	http://www.jlup.com.cn
电子邮箱：	jldxcbs@sina.com
印　　刷：	三河市华晨印务有限公司
成品尺寸：	170mm×240mm　　16开
印　　张：	13.75
字　　数：	210千字
版　　次：	2023年1月第1版
印　　次：	2023年1月第1次
书　　号：	ISBN 978-7-5768-1345-6
定　　价：	78.00元

版权所有　　翻印必究

前言 preface

从古至今，幸福一直都是众多学者关注的一个话题，因为幸福是每个人都期望获得的，所以针对幸福进行研究具有非常重要的意义。然而，由于人们所处时代、文化背景、社会环境等方面的不同，所形成的对幸福的认知也存在差异。但无论怎样的幸福观，有一点是可以确定的，那就是只有科学的幸福观才能引导人们获得幸福。

关于幸福，习近平总书记多次强调，"人世间的一切幸福都需要靠辛勤的劳动来创造""幸福都是奋斗出来的"。这些关于幸福观的论述充满了新时代幸福观的时代价值和哲学智慧，对于每个人都具有非常积极的指导意义。

大学生作为新时代的追梦人，他们应具备正确的幸福观，是引导学生不断奋进、不断追求幸福、不断获得幸福的一个重要支撑。本书便以大学生为主要的研究群体，针对大学生的幸福观教育展开论述。本书一共六章，第一章针对大学生的幸福观及幸福观教育进行了基础性的论述；第二章解读了大学生幸福观教育的理论基础；第三章立足于国外，分析了国外高校幸福观教育中所具有的优势，并总结了几点启示；第四章站在大学生的视角，就影响大学生幸福观形成的几项主要内容进行了系统的论述；第五章则进一步阐述了大学生幸福观教育的原则和方法；第六章将研究的视野扩大，从社会、高校、家庭、学生等多个维度论述了大学生的幸福观教育。

本书在内容论述上采用图文结合的方式，并且语言论述简洁明了，便于读者理解，但由于笔者时间有限，书中难免存在不足之处，还望广大读者和师生指正。

潘姗姗
2022 年 6 月

目录 contents

第一章 基础认知：大学生幸福观及幸福观教育 …… 001

　　第一节　幸福的含义、类型与特征 …… 001

　　第二节　大学生幸福观剖析 …… 011

　　第三节　大学生幸福观形成的规律与逻辑 …… 018

　　第四节　大学生幸福观教育的重要价值 …… 025

第二章 理论为基：大学生幸福观教育的理论基础 …… 031

　　第一节　中国传统文化中的幸福观 …… 031

　　第二节　马克思主义幸福观 …… 036

　　第三节　新时代中国特色社会主义幸福观 …… 045

第三章 他山之石：国外大学生幸福观教育分析与启示 …… 059

　　第一节　国外大学生幸福观教育概况 …… 059

　　第二节　国外大学生幸福观教育的特点 …… 063

　　第三节　国外大学生幸福观教育的启示 …… 067

第四章 方向指引：大学生幸福观教育的方向把握 …… 073

　　第一节　大学生情绪调控与幸福 …… 073

第二节　大学生人格养成与幸福 …………………………… 088

　　第三节　大学生人际交往与幸福 …………………………… 097

　　第四节　大学生挫折应对与幸福 …………………………… 110

　　第五节　大学生就业指导与幸福 …………………………… 120

第五章　遵原探法：大学生幸福观教育的原则与方法 ………… 133

　　第一节　大学生幸福观教育的总体原则 …………………… 133

　　第二节　大学生幸福观教育的基本方法 …………………… 142

第六章　多途共进：大学生幸福观教育的多维路径 …………… 157

　　第一节　大学生幸福观教育的社会维度 …………………… 157

　　第二节　大学生幸福观教育的高校维度 …………………… 167

　　第三节　大学生幸福观教育的家庭维度 …………………… 184

　　第四节　大学生幸福观教育的个人维度 …………………… 192

参考文献 ………………………………………………………………… 203

附录一 …………………………………………………………………… 208

第一章 基础认知：大学生幸福观及幸福观教育

第一节 幸福的含义、类型与特征

一、幸福的含义

幸福是每个人都向往的，但什么是幸福，不同的人有不同的认知，而且幸福并不是一个客观存在的事物，我们很难对其进行定量或定性的分析，所以也就很难界定一个标准。当然，虽然我们不能给幸福下一个准确的定义或界定一个标准，但可以对幸福的含义进行剖析和解读，从而帮助我们更好地理解什么是幸福。

在剖析幸福的含义时，我们应站在辩证唯物主义的立场，以马克思主义关于人的本质学说为依据，同时与社会实际相结合。幸福的含义大致包含如下两个方面的内容。

（一）人的需要是引发幸福的根本动因

关于人的需求，有一个著名的理论是马斯洛需求层次理论，该理论将人的需求分为五个层次，从低到高依次为生理需求、安全需求、社交需求、尊重需求和自我实现需求。当较低层次的需求被满足之后，人们便会产生更高层次的需求，而需求的产生会驱使人们采取一些行为，从而满足自身的需求。根据马斯洛的需求层次理论可知，人类的一切行为其实都是为了满足自身的需求，当需求实现后，人会产生一种满足感，这种满足感会催生幸福感的产生。当然，这只是一个循环，因为人的需求会不断提高，进而在新的需求下进入下一个循环，如图1-1所示。在一次次的循环中，人的需求不断得到满足，幸福观也随之不断提升。

图1-1 需求与幸福的关系

如果对需求与幸福感的关系做进一步的探究，需求对幸福感的影响主要体现在两个方面。其一，需求的层次越高，产生的幸福感越高。从某种意义上来说，需求的层次越高，个体所需要付出的努力越多，最后获得的满足感越强，从而产生的幸福感自然会越强烈。其二，层次的迫切性越强，产生的幸福感越高。需求的迫切性是相对一般需求而言的，通常指个体对需求的满足达到了难以等待的程度。比如，在衣食无忧的情况下，人对食物的需求属于一般需求，虽然人在饥饿的时候，需求会有所提高，但并未到迫切需求的程度。而在缺少食物的情况下（比如在沙漠中迷路），人对食物的需求便变成了迫切的需求，此时如果能够吃到一些食物，幸福感会极大地提升。

综上所述，需求是幸福的根本动因，而需求的层次和紧迫程度又会影响幸福感的强弱。

（二）需求的合理性与需求满足途径的正当性才能产生真正的幸福

关于个体的需求，虽然需求的满足能够催生个体幸福感的产生，但真正的幸福需要合理的需求支撑。那什么才算是合理的需求呢？需求的合理性有两层含义：一是指有利于自己发展的需求；二是指不会损害他人发展的需求。首先，个体应该站在自身发展的角度去看待需求，有些需求的满足虽然也会催生幸福感的产生，但这些需求对个体的发展是有害的，如吸烟、酗酒等，所以这些需求是病态的、不健康的。其次，个体还应该站在他人的角度看待自身的需求，即自身需求的满足不能以牺牲他人的利益为条件，这样虽然也能满足自身的需求，并由此获得幸福感，但这种幸福是短暂的，会随着个体愧疚感的产生而被淹没。这一层含义其实也指出了需求满足途径的正当性，即个体在需求的驱动下采取某些行为时，这些行为必须是正当的，不能违背社会的道德准则，更不能违背社会的法律准则。

谈到真正的幸福，我们便触摸到了幸福的一个关键性因素，那就是无愧于自己，无愧于他人，无愧于社会的幸福，才是真正的幸福。正如柴素芳和刘懿冰在《"幸福——收入之谜"的心理诱因》一文中所说："尽管每个人都可以按照自己对幸福的理解来享受幸福生活的权利，但是，在伦理学视域内，幸福问题也像其他问题一样关涉个人与他人、个人与社会之间的关系，因此，个人对幸福的追求不能与社会历史发展的客观必然性悖逆。就是说，对幸福的追求，受制于道德的指引，只有道德上的无愧，才有真正的幸福。"[①]

二、幸福的类型

关于幸福的类型，依据不同的标准，有不同的划分，大致分类如图1-2所示。

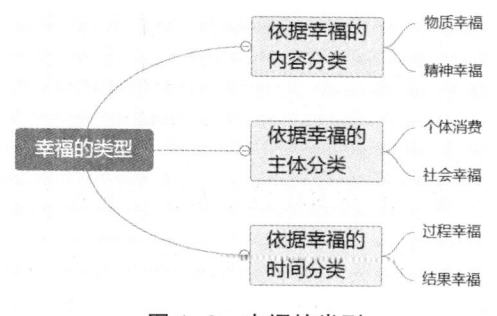

图1-2 幸福的类型

（幸福的类型：依据幸福的内容分类——物质幸福、精神幸福；依据幸福的主体分类——个体消费、社会幸福；依据幸福的时间分类——过程幸福、结果幸福）

---

① 柴素芳,刘懿冰."幸福——收入之谜"的心理诱因[J].河北大学学报(哲学社会科学版),2010,35(2):138-141.

(一)物质幸福和精神幸福

物质幸福和精神幸福属于两个不同的层面。前文提到的马斯洛需求层次理论中的五个层次：生理需求、安全需求、社交需求、尊重需求和自我实现需求。前两个层次的需求属于物质需求，能够使个体产生物质上的幸福；后三个层次的需求属于精神需求，能够使个体产生精神上的幸福。物质需求属于较低层次的需求，但同时也具有优先性，即在个体同时面对低层次需求和高层次需求时，个体会优先满足低层次的需求。同时，物质需求带来的满足感大多是短暂的。比如，当吃饱一顿饭时，个体的满足感会快速袭来，并比较强烈，但这种满足感也会很快消退。而物质需求的特点也决定了物质幸福的特点，即短暂且强烈。

与物质需求相比，精神需求属于较高层次的需求，但其优先级较低，即只有个体物质需求得到满足后，才会追求精神上的需求。此外，精神需求满足的过程是比较缓慢的，在开始时也没有物质需求强烈，这就导致精神幸福也具有缓慢的特点。但随着时间的推移，由精神满足产生的精神幸福会不断发酵，其强烈程度甚至会超过物质幸福，并且也能够维持更长的时间。二者随着时间的变化情况大致如图 1-3 所示。

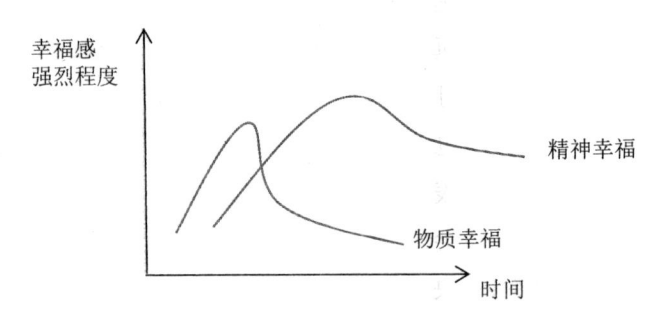

图 1-3 时间与幸福感强烈程度的关系

就个体的幸福而言，物质幸福是基础，因为人的一切活动都是以一定的物质生活条件为基础的，但个体切忌将物质幸福等同于物质享受，二者有着本质的区别，并且也不能将幸福完全归结为物质幸福。因为个体一旦沉溺于物质享受之中，便会丧失对精神幸福的追求，这会造成个体精神上的空虚，甚至导致个体滑向道德的深渊。的确，如果人们把物质财富仅仅用于满足自己的低层次的感官享受，只是沉醉于物质生活的满足和感官的快乐中，那么，由于物质幸福具有强烈而短暂的特点，所以，我们就会看到这样的现象：随着收入的增高，人们的幸福感并没有同比增长。相反，如果人们在享受丰衣足食的物质生活时，能够利用这些物质财富来优化人际关系，促进家庭、社会的和谐，追求高层次的精神幸福，那么，他所拥有的物质财富就具有增值的作用，他所获得的快乐和幸福体验就会成倍增长。[①]

因此，个体在物质需求得到满足之后，一定要继续追求精神需求的满足，并由此带来精神幸福，这样个体所获得的幸福才会更多，也才能更加持久。

（二）个体幸福和社会幸福

个体幸福是指个人需求通过正当途径得以满足时的心理体验。个体幸福属于个人的"小幸福"，这种幸福是建立在自身幸福观基础之上的，受个人主观认识的影响。关于个体幸福，康德曾指出："个人究竟认为什么才是自己的幸福，那都由个人自己所独有的快乐之感和痛苦之感来定，而且甚至在同一主体方面由于他的需要也随着感情的变化而参差不齐，因而他的幸福概念也随着他的需要而定……追求幸福的规则永远不能普遍有效，因为欲望官能的这个动机原是依靠那永远不能假设为时时处处都指向同一对象的苦乐之感上的。"[②] 由康德的论述可知，个体幸福与个体幸福之间存在差异，所以追求幸福的规则不能通用，也不能普遍有效。

当然，个体幸福虽然在表现形式上属于个人的主观感受与判断，但人的本质属性是社会性，人是社会关系的产物，个人在追求幸福的过程中必然会与他人产生联系，这种联系决定了个人幸福不可能独立存在。由此可见，个体幸福虽然属于个人，但并不完全是个人的事情，而是会涉及他人，涉及整个社会，这就涉及了社会幸福。所谓社会幸福，是建立于社会大多数成员基础上的，属于群体的普遍幸福，是社会群体对于现实生活的共同美好体验，

---

① 柴素芳，石秀杰.幸福与经济收入的非线性关系探因[J].西南民族大学学报（人文社科版），2010，31（8）：90-92.
② 康德.实践理性批判[M].关文运，译.北京：商务印书馆，1960：24.

也从某种程度上折射出了社会的文明程度。

关于社会幸福，有一点需要注意，虽然社会幸福的说法是以"社会"为关键词，但其主体是全体人民，而非"社会"这个概念。这就引申出社会幸福与个体幸福的不同之处：个体幸福属于个体，不具备普遍性；社会幸福属于全体人民，所以具备普遍性。

从马克思主义的角度去看，个体幸福需要在社会中才能够实现，而且个体需要为社会幸福做出努力，这样的个体幸福才是最具价值和意义的。与此同时，社会幸福也影响着个体幸福，因为个体处在社会这个大环境中，社会的发展和进步必然会对个体产生影响，从这一角度来看，个体幸福的实现在一定程度上依赖于社会的发展和进步。

总之，个体幸福与社会幸福之间存在紧密的联系，二者相互影响，相互促进，最终同步实现个人的幸福与社会的幸福。

（三）过程幸福与结果幸福

过程，是指事物发展的中间状态；结果，是指事物发展的最终状态。由两种状态引申出的幸福则为过程幸福和结果幸福。过程幸福是一个人在追求某种幸福的过程中，每一次较小目的、较小预期结果得到实现时所体验到的快乐之和；所谓结果幸福则是他经过一定的努力过程而实现了他的重大目的、预期结果的快乐体验。[1]

过程幸福的重心在"过程"二字，强调的是对过程的享受。赵汀阳在《论可能生活》一书中提道："幸福的一个关键点就在于幸福不能仅仅由好的结果来定义，而还必须由美好的行动过程来定义，否则不可能幸福。要能够意识到幸福之所在，这需要有双重关注，即不仅意识到结果的价值，而且尤其意识到通向结果的行动的价值，不仅把结果看作是幸福的生活，而且尤其把行动本身看作是幸福的生活。"[2] 的确，幸福本身就具有较强的个人主观性，而过程是影响个人主观判断和感受的一个重要因素。以阅读为例，人们阅读的一个目的是积累阅读量，提升自我，但这并不是阅读的全部目的，也不是

---

[1] 孙英. 幸福论 [M]. 北京：人民出版社，2004：50.
[2] 赵汀阳. 论可能生活 [M]. 北京：中国人民大学出版社，2004：154.

支撑一个人阅读的全部动力。因为阅读是一个较为漫长的过程,在这个过程中,人们可以享受到阅读的乐趣,并且这种乐趣是即时的,即打开书开始阅读的一刻便随之产生了愉悦感。在阅读的整个过程中,阅读过程产生的幸福属于过程幸福,由阅读带来的阅读量的积累以及个人的提升属于结果幸福。由此可见,结果是过程的一个目标指向,而过程是结果的一个必要条件。

在追求幸福的过程中,每个人都应该认识到,结果虽然是一段旅程的终点,也是追求幸福的一个目标,但过程同样重要,在这个过程中我们可以看到不同的景致,这些景致本身就能够带来幸福,并使结果变得更有意义。

三、幸福的特征

要分析幸福,需要以辩证唯物主义为指导,因为很难简单地对幸福进行定量或定性分析。因此,在分析幸福的特征时,同样也需要以辩证唯物主义为指导,去辩证性地分析幸福的特征。具体而言,主要从幸福的主观性和客观性、幸福的相对性和绝对性两个角度去进行阐述。

(一)幸福的客观性和主观性

从幸福的获得去看,需要个体付出一定的努力,即通过具体的行动(合理的行动)去满足其需求,所以幸福具有客观性;但就幸福的表现形式去看,幸福属于个体的一种主观感受和主观判断,所以又具有高度的主观性。因此,在分析幸福的特征时,需要辩证性地看待其客观性和主观性。

1. 幸福的客观性

其一,幸福的内容与层次不受个人主观意识的影响。从幸福的内容去看,幸福可分为物质幸福和精神幸福,这两种幸福的本质是确定的,并不以个体的主观意识为转移。比如,某个人具有非常多的财产,它通过物质消费获得了物质幸福,但这并不代表他也能够通过物质消费获得精神幸福。而从幸福层次去看,其与马斯洛的需求层次理论相对应,即每一层次的需求对应着相应层次的幸福,这些同样也不以个体的主观意识为转移。

其二,幸福虽然是个体的主观体验,但这种体验并不能凭空产生,而是需要一些具体的行为使其需求得到满足,这样才会产生幸福的体验。即便最后的结果没有达到预期,其过程本身也有助于个体产生幸福体验,即上文提到的过程幸福。但无论是过程幸福，还是结果幸福，幸福的获得都需要具体的行为，这种行为便决定了幸福所具有的客观性的特征。

2. 幸福的主观性

其一，幸福的层次虽然不受个体主观意识为转移，但个体对幸福层次的需求却受个体主观意识的控制。这种由主观意识产生的需求可以理解为欲望，而关于欲望与幸福的关系，我们可以借鉴经济学家保罗·萨缪尔森曾提出的一个公式：

$$幸福 = \frac{效用}{欲望}$$

由该公式可知，幸福与效用成正比关系，与欲望呈反比关系。在效用不变的基础上，个体的欲望越低（即对幸福需求的层次越低），越容易被满足，也就越容易获得幸福。因此，在追求幸福的过程中，个体应结合实际情况，设定合理的需求（不能过低，过低虽然容易产生幸福感，但不利于个体的奋斗；也不能过高，因为需求得不到满足，个体容易产生挫败感，也不会得到幸福感）。

其二，幸福的主观性还体现在与他人的对比中。美国社会心理学家利昂·费斯汀格于1954年提出了社会比较理论："人具有想清楚地评价自己能力和观点的动机，如果不能利用客观的手段达到目的时，就倾向于在同相似的他人的对比中对自己做出评价。"[1] 在与他人对比的过程中，个人对幸福的主观判断和感受也会发生改变。以经济收入为例，当个体与经济收入低于他人对比时，其幸福感会提升；而与经济收入高于自己的人对比时，其幸福感会降低。

3. 幸福主观性与客观性的辩证统一

在对幸福的主观性和客观性单独进行分析之后，我们还需要将二者有机结合起来，因为从辩证唯物主义的观点出发，物质是客观存在的事物，意识是人脑对客观事物的反映。其中，物质决定着意识，而意识对物质具有一定的能动作用。具体来说，就是幸福的客观性决定着幸福的主观性，同时，幸

---

[1] 张兴贵.幸福与人格[M].广州：暨南大学出版社，2005：135.

福的主观性又反过来作用于幸福的客观性。个体主观意识上对幸福的感受需要客观的事物去实现，因为没有客观事物的支撑，便不可能产生主观上的感受。与此同时，个体在主观上产生幸福感之后，又会启动个体的激励机制，从而进一步驱使个体具体行为的产生。因此，二者并不是相互割裂开来的，而是一种相互渗透、相互促进的关系。

（二）幸福的相对性和绝对性

幸福的绝对性是针对普遍幸福而言，即幸福具有不因主体不同而不同的特征；而幸福的相对性是针对特殊幸福而言的，即幸福会因主体的不同而不同。幸福的相对性和绝对性也是一种辩证统一的关系。

1. 幸福的相对性

幸福相对性的重心在"相对"二字，相对的产生是由于不同，这种不同既可以来自不同的个体，也可以来自相同的个体。具体而言，主要体现在以下三个方面。

其一，由不同个体带来的幸福的相对性。每个人虽然都有追求幸福的需求，但人与人之间或多或少地存在差异，这种差异导致人与人之间的幸福也是有差异的。例如，对于一个从事教师职业的人来说，学生取得好成绩便可以带来巨大的幸福感；而对于从事科研的人来说，取得科研上的突破才能够带来巨大的幸福感。

其二，同一个体不同阶段带来的幸福的相对性。对于同一个体来说，随着年龄的增长，对世界的认识在不断发生变化，其需求也在不断变化，这种变化会导致同一个体在不同的阶段对幸福形成不同的认知。例如，在孩童时期，玩具、零食等便代表着幸福；成年之后，收入、身份、地位等代表着幸福；而年老之后，健康代表着幸福。

其三，同一个体同一阶段不同视角带来的幸福的相对性。即便对于同一个体来说，处在同一个阶段，其看待事物的角度不同，也会导致幸福的相对性。例如，当一张纸上有一个黑点时，如果从悲观的角度去看，会认为一张白纸被黑点污染了；而如何从乐观的角度去看，则可以将黑点作为一幅画的一部分，然后围绕黑点画出一幅画来。其实，任何事物都具有双面性，从不同的角度去看，必然会产生不同的感受，也必然会产生不同的幸福感。

2. 幸福的绝对性

幸福的绝对性主要体现在以下两个方面。

其一，幸福是人类共同的追求，每个人都有追求幸福的需要，这是绝对的客观事实。从某种意义上来说，人从出生的那一刻起便产生了需求，因此追求幸福是人与生俱来的本能，这也是人创造幸福的动因，而享受幸福则是每一个人的权利。亚里士多德曾指出："如果目的不止一个，且有一些我们是因他物而选择的，如财富、长笛，总而言之工具，那么显然，并不是所有目的都是最后的目的……我们把那些始终因其自身而从不因他物而值得欲求的东西称为最完善的。与所有其他事物相比，幸福似乎最会被视为这样一种事物。因为我们永远只是因为它自身而从不因它物而选择。"[①] 由此可见，人对幸福的追求是绝对的，这也是人的终极目的。

其二，人对幸福的感知虽然是主观的，但这种感知是真实的，而不是虚幻的。当然，需要注意的是，此处所指的幸福是只在合理需求下并通过正当途径获得幸福，而不是指那些病态的幸福。从这个意义上来讲，虽然不同个体之间存在差异，包括性别、年龄、职业、性格、兴趣、价值取向、文化背景等方面的差异，会导致个体所产生的幸福体验各异，但人们所能找到的各自的幸福体验是绝对的客观存在的，这一点是毋庸置疑的。

3. 幸福相对性与绝对性的辩证统一

通过对幸福相对性和绝对性的论述，不难看出二者之间存在的差别，即绝对幸福是客观存在的，并且是比较普遍的，而相对幸福则是主观的，是特殊的。但是，幸福的相对性和绝对性又不是相互割裂的，而是相互联系、不可分割的关系。正如孙英在《幸福论》一书中指出的那样："普遍的绝对的幸福是一切特殊的相对的幸福之中那些共同的、普遍的、抽象的成分，任何普遍的绝对的幸福都存在于各种特殊的相对的幸福之中；与此同时，任何特殊的相对的幸福又都包含着普遍的绝对的幸福。"[②]

---

① 亚里士多德. 尼各马可理论学 [M]. 廖申白, 译. 北京：商务印书馆, 2008：18.
② 孙英. 幸福论 [M]. 北京：人民出版社, 2004：107.

第二节 大学生幸福观剖析

一、幸福观

（一）幸福观的内涵

幸福观就是人们对待幸福的态度和观念。进一步来说，幸福观的内涵包含三个方面：什么是幸福？为什么追求幸福？怎样追求幸福。对幸福有了准确的认识，才能够把握幸福的本质；知道了为什么追求幸福，才能够更加准确地把握幸福的价值问题，并产生追求幸福的动力；而学会怎样追求幸福，是确保幸福获得合理性的一个关键。

幸福观是产生幸福感的一个重要因素，而什么样的幸福观就会产生什么样的幸福感。比如，享乐主义幸福观将吃喝玩乐等享受带来的感官快乐视为幸福，而忽视劳动、创造的价值。我们提倡的幸福观是健康、理想的幸福观，旨在使人们在正确幸福观的指引下去感受幸福，并通过合理的途径去获取幸福，从而实现认识的意义和价值。

（二）幸福观的特点

了解幸福观的特点，有助于我们进一步了解幸福观的内涵。作为人生观的重要组成部分，幸福观是人在幸福问题上的一种内在看法和态度，其特点主要表现在如下四个方面（如图1-4所示）。

```
         ┌─── 幸福观的特点 ───┐
         │        │        │        │
       主观性   阶段性   导向性   社会历史性
```

图1-4 幸福观的特点

1. 主观性

幸福观作为人生观的组成部分，一旦形成，便具有较强的稳定性，但也不可避免会带有一定的主观色彩。其实，就幸福观的形成来看，无论是通过什么途径引导，幸福观的形成本身就是个体选择的结果，引导的作用更多的是从大方向上对个体进行指引，而非强制约束个体选择怎样的幸福观。由此可见，个体形成的幸福观本身就带有一定的主观性，再加上个体自身存在的主观意识，就使得幸福观不可避免地带有了主观性这一特点。

2. 阶段性

幸福观的阶段性是指幸福观并非与生俱来的，而是在后天不断的学习与社会实践中逐渐形成的，这是一个较为漫长的过程。在孩童时期，个体与社会的接触非常有限，他们接触的主体主要是父母，其对幸福的感受也大多来自父母和身边的亲人，所以此时的幸福观带有一定的情感色彩。随着年龄的增长，个体与社会的接触越来越多，其对幸福的感受也变得更加丰富，并且随着个体意识的不断成熟，其幸福观在不断趋于成熟和稳定，最终达到一个相对稳定的状态。

3. 导向性

幸福观的导向性可以从微观和宏观两个角度进行分析。微观方面的幸福观指个体的幸福观，个体幸福观的形成是一个比较漫长的过程，但幸福观形成之后，便具有较强的稳定性，并能够有效指导个体去正确地看待幸福、感受幸福和获取幸福。宏观方面的幸福观指社会幸福观，即社会大环境中普遍存在的一种幸福观。虽然个体与个体之间的幸福观存在差异，但其实每个人对幸福的追求是客观存在的，而且不同个体之间的幸福观也存在相同的部分，或者说不同个体的幸福观在大方向上是相同的，这就构成了一种社会上普遍存在的幸福观，即社会幸福观。大多数情况下，社会幸福观都是健康的、积极的，其对个体也会产生积极的引导作用，即可以随时提醒人们，什么样的幸福是健康的、积极的，什么样的幸福是病态的、消极的，从而引导人们更好地去追求幸福。

4. 社会历史性

幸福观的社会历史性也可以从微观和宏观两个角度去进行分析。从微观角度来讲（个体角度），个体幸福观作为一种主观意识，虽然是个体自由选择的结果，但也不可避免地会受到一些社会条件的影响。的确，在不同的历史时期、不同的社会条件下，个体形成的幸福观很可能是不同的，这种局限性是个体很难突破的。而从宏观角度去看（社会角度），社会幸福观的形成同样会受社会条件的影响，所以社会幸福观也同样不可避免地带有社会历史性这一特点。

二、大学生幸福观

在对幸福观进行了简要的阐述之后，将视线聚焦到大学生身上，立足新时代发展的背景，针对大学生的幸福观做进一步的剖析。

（一）新时代大学生幸福观的现实内涵

从教育实践的层面上看，培养大学生的幸福观需要从现实角度理解幸福观发展的内在意义，这需要让大学生认识幸福本质、当前时代的幸福特征以及幸福观念对于个人发展和成长的价值，只有在正确认识幸福观后才能使其建立内在的追求和创造幸福的意愿，所以在幸福观教育中需要先培养大学生的幸福观内涵认知。

1. 新时代大学生幸福观的基本内涵

习近平同志提出的幸福观思想是建立在马克思主义辩证统一的幸福思想（即精神与物质幸福、幸福与劳动创造、个人幸福与社会幸福的辩证统一）基础之上的，同时也对毛泽东、邓小平、江泽民、胡锦涛等同志的幸福观进行了发展，提出了更为完善的幸福观思想。结合习近平同志的系列讲话和论著中观点来看，其对于幸福本质和幸福意识的认知有三个核心观点。

（1）一切幸福都源于奋斗

习近平同志在早年基层工作中就曾提到，"人世间的一切幸福都是离不开辛勤劳动的，都是靠辛勤的劳动来创造的"[1]，这是对马克思主义幸福观中"幸福与劳动创造辩证统一"的高度概括，实际上奋斗幸福观也包含另一层内涵，即认为奋斗本身就是人存在于社会的价值所在，是人内在幸福的组

---

[1] 习近平. 干在实处 走在前列[M]. 北京：中共中央党校出版社，2006：1-6.

成部分，所以说奋斗本身就是一种幸福，同时也是创造物质幸福和一般精神幸福的必要条件。

（2）以人民幸福为根本旨归

习近平同志在党的十九大报告中强调，"实现全国人民共同幸福、恢复民族的繁荣昌盛，就是我党的重要责任和最初目标"[1]，党对人民幸福的追求本质上是对集体幸福的长远追求，作为时代青年的目标，大学生也要将人民幸福作为根本追求。

（3）共建与共享幸福

新时代人民群众对于幸福生活的期望和要求不断丰富、标准不断提升，在社会分工高度细化的大前提下，创造幸福的难度有所提升，因此需要引导大众积极投身创造和实现幸福的民族事业中来，同时也需要均衡地分配幸福，这样才能长久地保持国家与民族发展的内在动力，也才能让广大青年成为中国特色社会主义的有效建设者。

具体到大学生的角度来看，新时代幸福观的内涵是认识奋斗在实现幸福时的重要性、认清个人幸福与民族与国家幸福的关系，同时建立实现中国梦的理想担当和自我实现的内在动力。

2. 新时代大学生幸福观的通观比照

习近平同志所提出的新时代幸福观本质上是对马克思主义幸福观和新中国领导集体幸福观的整理和完善，本质上没有脱离马克思主义幸福观的本质，即强调了物质与精神幸福、创造和享受幸福、个人与集体幸福的辩证统一，但也结合了时代发展的特点强调了当前时代下幸福的本质追求和实现方式，这实际上也是新中国各阶段领导人集体对于马克思主义幸福观总结和完善的基本思路。

回顾马克思主义幸福观在中国的发展历程：毛泽东同志首先提出了"为人民谋幸福"的概括性论述，这是在新中国成立之初百废待兴的大环境下最合理的幸福诉求，其更精准地解释了当时集体幸福的本质目标，符合新中国

---

[1] 习近平. 决胜全面建成小康社会 夺取新时代中国特色社会主义伟大胜利：习近平同志代表第十八届中央委员会向大会作的报告[N]. 人民日报，2017-10-19（002）.

发展的实际需要。改革开放后，邓小平同志提出了"物质文明与精神文明协调发展"的基本幸福观，其本质上响应了改革开放前后人民对于物质幸福和社会文化发展的强烈诉求。改革开放的深化发展阶段，江泽民同志提出了"用先进性引领"的幸福观，他以"三个代表"思想精准阐释了个体与集体幸福的关系，也为新时代幸福观奠定了良好基础。胡锦涛提出了"科学发展"的幸福观，指明了集体幸福依赖于均衡发展、均衡分配，这也为习近平总书记提出的共建和共享幸福理念奠定了理论基础。

新时代幸福观更通俗地解释了马克思主义幸福观，也充分继承了新中国历代领导人集体的幸福理念。对于新时代大学生而言，其需要认识到新时代幸福观的理论本质，也需要形成对幸福发展的历史视野，充分认清时代发展的根本需求，梳理正确的三观，投身追求自我实现和民族复兴等时代幸福目标的实践中。

3. 新时代大学生幸福观的价值意蕴

结合新时代幸福观的内涵来看，培养新时代大学生幸福观是实现中华民族伟大复兴的中国梦的必要条件，当然，这项教育工作本身还会对大学生自身发展、社会具体发展等带来重要影响。具体来看，新时代大学生幸福观发展的价值主要有以下三个方面。

第一，满足大学生发展和成长的基本需要。在大学生全面素养发展的要求下，大学生不仅要学习专业知识，还需要建立正确的三观、树立正确的理想信念。但我国改革开放后的经济发展过速，精神文明教育和文化环境管控相对滞后，导致非主流价值观念、意识形态在国内大范围传播，例如拜金主义和享乐主义的盛行、审美标准的错乱等，这会阻碍大学生的健康发展。新时代幸福观教育能够配合基础思政教育，矫正大学生对"物质幸福"的单一认识、错误认识，维持其三观的正确发展，使其建立积极的人生目标，使大学生能够良好发展，并从更高层次的奋斗和追求中获得更深层次的幸福体验。

第二，带动社会精神文明的高速发展。大学生是时代的代笔者，他们是社会中更具感染力和影响力的代表群体，他们所代表的先进精神、思想也能够通过各类社会岗位传递到社会各个领域，从而推动社会精神文明的集体发展。当前我国部分群众对于幸福的认知较为片面，这也是导致大学生幸福观出现偏差的原因之一，而针对大学生的新时代幸福观教育能够扭转这种负面影响，并使大学生在进入社会后能够将正确的幸福观导向社会，从而改善社会精神文明氛围，强化社会内在的发展动力。

第三，加速实现中华民族伟大复兴的中国梦。回顾习近平同志关于新时代幸福观的论述过程可以发现，其在党的十八大上提出了中国梦后不断补足和完善了其新时代幸福观理论体系，可以说新时代幸福观是与中国梦并生的，前者是后者达成的必要基础，后者是前者的目标。习近平同志也在多个场合殷切鼓励当代青年一同拼搏、奋斗，努力创新进取，其强调了时代青年是中国梦实现过程中的中坚力量，针对大学生的新时代幸福观教育能够促进其更深入地认识和理解中国梦，一方面强化其内在发展动力，另一方面通过他们的激情和活力来影响整个社会的发展，从而全面带动全体人民对中国梦的追求。

（二）新时代大学生幸福观的基本构件

新时代幸福观强调了中国特色社会主义新时代背景下的幸福特征及幸福实现方法，在针对大学生的幸福观教育中需要抓住新时代的特点，由此从理论上指导大学生自主发展和养成幸福观，具体可以从以下四个方面来进行分析和解读。

1. 奋斗是基础

新时代幸福观强调了"幸福是奋斗出来的"，其实际上包括了两层内涵。

其一，幸福源于劳动。马克思主义幸福观认为人（相对于动物）的先进性就在于人类会开展有目的的劳动，劳动的过程中产生了物质与精神财富，所以劳动是幸福的根基，也是锻炼和提升获取幸福能力的长期实践过程，当然现代高度分工的社会下劳动不仅指传统的体力劳动，任何依托个人能力、付出的体力和脑力劳动都可称为劳动，这也是一切幸福的根基。

其二，幸福源于不懈地奋斗。马克思主义理论下的劳动不仅仅是一种单纯的劳作，而是有目标的、自由且自觉的劳动，这种情况下的劳动才是积极且富有热情的，由此而创造的物质与精神财富才能够不断增加，其本质上强调了长效的幸福来源于劳动者内在主观意识和奋进意识，习近平同志以更通俗的方式解释了这种内涵，即"幸福是奋斗出来的"，更加强调了幸福对于劳动的"积极性"的依赖。

因此，大学生在认知幸福的过程中不仅要认识到幸福源于劳动，更要认识到长期幸福源于积极奋斗，由此保持对生命的热情、对奋斗的激情。

2. 爱国是本质

新时代幸福观高度强调了集体幸福对于个体幸福目标实现的重要意义，阐明了个人幸福建立在具体幸福之上，因此追求个人幸福本质过程就是以热爱国家和实践行动来实现集体幸福，并在这一过程中创造属于个人的幸福。习近平同志在中央政治局第二十八次集体学习会上也特别强调，我国爱国主义始终围绕着实现民族富强、人民幸福而发展，最终汇流于中国特色社会主义。这说明了爱国主义是当前中国特色社会主义环境下人民幸福的必然条件，它通过构建民族凝聚力来推动社会的高速发展，这样才能为人民群众创造更易获得物质幸福、精神幸福、奋斗与自我实现幸福的根基。

因此，大学生认知集体幸福的过程中需要将眼光拓宽开来，不要局限于小集体，更要着眼于国家和民族层面上的集体幸福追求，建立为国家发展和民族复兴而奋斗的正确理想信念，也为个人收获更高层次的幸福创造良好条件。

3. 担当是关键

中国特色社会主义发展的新时代背景下，青年人才有责任运用自身先进的知识、前沿的观念、创新能力优势来为实施"四个伟大"建设事业做出应有的贡献，这是新时代青年成为新时代中国特色社会主义事业接班人、国家和民族中坚力量的必要条件。简单来说，新时代中华民族的伟大复兴是历史和时代赋予当代青年的使命与责任，这也是历史必然和国情现实下当代青年感知和实现幸福的新参照。习近平同志在看望参加政协会议的民进、农工党、九三学社委员时也指出，我国广大知识分子要以时不我待的紧迫感、舍我其谁的责任感，主动担当，积极作为，刻苦钻研，勤奋工作，为全面建成小康社会、建设世界科技强国做出更大贡献。[①] 这提示了新时代的青年知识分子需要直面时代责任、勇于担当，只有真正担负起十大发展、创新的责任，才

---

① 丛斌. 重道义 勇担当 是当代知识分子的精神特征 [N]. 光明日报，2017-03-07（006）.

能够全身心地投入到劳动、奋斗和创新实践中，才能将自我实现与集体发展更好地关联起来，从而在国家和民族发展中感受到更高层次的幸福，而不至于被短期的、偶然的挫折而打败。

因此，大学生在追求集体幸福、建立理想信念的过程中，需要深入且全面地认识新时代大学生所应担当的时代使命和责任，形成更强的发展动力和奉献意识。

4. 自我实现是旨归

感官幸福体验是短暂的幸福终点，自我实现的幸福感受才是长期和持续的幸福感知条件。简单来说，幸福的本质是满足，一般的物质幸福和精神愉悦有着较低的上限，由此获得的低层次幸福很容易丧失，这会导致人的发展动力丧失，同等的物质生活和精神享受无法带来同等的满足感，从而让人的幸福感丧失。而自我实现的满足感几乎不存在上限，人在自我奋斗、自我成长、自我突破的过程中能够不断地获得新的成就，这种自我实现的过程能够持续地带来新的满足感，能维持人长久的幸福感。正如习近平同志所说："改革开放40年来，制度枷锁被打破，人的活力被激发，个体命运在祖国日新月异的发展中得到了自我实现。"[①] 显然，在自我实现的目标指引下，人才会有奋斗的动力、爱国的热情和担当的勇气。

因此，大学生在追求和创造物质与精神幸福的过程中关注人更高层次的需求，即马斯洛需求层次中更上层的自我实现需求，主动感受这种幸福，并以此建立奋斗、爱国、担当的意识，为实现幸福创造良好条件。

第三节　大学生幸福观形成的规律与逻辑

一、大学生幸福观形成的规律

事物之间有着多种多样的联系，有内在的联系，有外在的联系，有本质

---

① 习近平：习近平在庆祝改革开放40周年大会上的重要讲话[N]. 亳州晚报，2019-04-04（11）.

第一章 基础认知：大学生幸福观及幸福观教育

的联系，有非本质的联系，等等。显然，并不是任何一种联系都是有规律的，而规律则是指事物内在的本质联系。因此，规律很难一眼看清楚，它通常隐藏在现象的背后。对大学生幸福观形成规律的分析，就是要探索大学生幸福观形成过程中的本质联系，这对于培育大学生正确的幸福观具有非常积极的指导意义。具体来说，大学生幸福观形成的规律主要体现在如下三个方面（如图1-5所示）。

大学生幸福观形成的规律
- 大学生幸福观形成以社会环境为条件
- 大学生幸福观形成以学校教育为中心
- 大学生幸福观形成以自教自律为节点

图1-5 大学生幸福观形成的规律

（一）大学生幸福观形成以社会环境为条件

社会环境包括所处时代下整体的社会风气、思想观念以及生活方式，同时也包括政治环境、文化环境和经济环境等环境因素。人具有社会属性，也是社会环境下产物，所以幸福观的形成必然受社会环境的影响，并会随着社会环境的变化而发生一定的变化。比如，经济作为物质幸福的支撑，是精神幸福的基础，所以经济环境必然影响着大学生幸福观的形成。不难想象，在良好的经济环境的支撑下，大学生可以更好地去追求精神上的幸福，这有助于大学生实现物质幸福和精神幸福的统一。

其实，包括大学生在内的每一个人，其幸福观的形成和发展都是在社会客观规律的基础上，因为个体很难改变社会大环境，通常情况下都是被社会大环境影响，所以幸福观通常带有社会历史性。因为幸福观带有一定的主观性，所以我们不能认为只有符合社会客观发展规律的幸福观才是正确的，但可以肯定的一点是，社会环境是个体幸福观形成和发展的土壤，只有符合社会环境，才能更好地在这片土壤上茁壮成长。

（二）大学生幸福观形成以学校教育为中心

对于大学生而言，学校教育仍旧是促使其成长的中心，包括促使其幸福观的形成。在大学生的幸福观教育中，主要有理论课程教育和实践教育两种。

首先，理论课程包括针对大学生开设的幸福观教育课程，也包括思想政治课以及其他课程中融入的幸福观教育内容。其实，就幸福观的性质而言，采取渗透教育的方式能够起到很好的效果，所以越来越多的高校开始在各种课程中渗透幸福观的教育，尤其在与幸福观关联度较高的思想政治课程中，渗透幸福观教育已经成为一种必然的趋势。

其次，实践作为人的一种存在方式，它是主体对客体的能动反映，也是人不断认识自己、展现自己和发展自己的一种必要活动。幸福观虽然带有一定的主观性，但幸福观并不是凭空、抽象形成的，而是需要在实践中不断深化。因此，除了理论课程教育之外，还应该针对大学生开展实践教育。当然，实践虽然是促使大学生幸福观形成的一个重要途径，但实践其实并不是直接指向幸福。实践作为一种多侧面、多环节、多向性、多变性的活动体系和活动过程，[①] 其指向也是多方面和多层次的。在实践活动中，大学生不断与他人进行互动，这一过程促使大学生逐渐地认识自己、认识世界，由此逐渐掌握了各种事物对自己以及对他人的价值，并进一步理解自己与他人、与社会的本质关系，同时产生幸福的体验，不断升华自己的幸福情感，最终形成了自己的幸福观价值体系。

（三）大学生幸福观形成以自教自律为节点

自教自律是指大学生的自我教育和自我约束，这在大学生幸福观的形成中发挥着重要的作用。对于大学生而言，身心发展已经相对成熟，对很多事物也都有了比较清晰且理性的认知，同时也初步形成了自己的价值体系。而当价值体系形成后，会对学生的一些行为产生约束作用，即大学生会依据自己的价值体系选择适合的生活方向，并保持一定的自律性，以便不断地充实自己、提升自己。另外，在价值体系的约束下，大学生还会自觉抵制一些病

---

① 徐堃.论自由自觉的活动是幸福的真正源泉[J].毛泽东邓小平理论研究，1990（3）：32-36.

态的幸福观,如享乐主义、拜金主义、利己主义等。如果大学生意识到自己的幸福观不符合社会要求、不利于自身发展,或者偏离了正轨,还会在价值体系的约束下主动进行自我教育,并对自己的幸福观进行调整,从而树立更加完善的幸福观。

二、大学生幸福观形成的逻辑

(一)大学生幸福观生成的理论逻辑

东西方幸福理论是在马克思主义幸福观出现后得以完善的,其最终解释了幸福的本质是人的自由和全面发展,这与中国特色社会主义幸福观的描述基本一致。在现代幸福观教育中要采用更先进的幸福理论体系,以此为基础探析大学生幸福观念生成和发展的基本逻辑,可以通过马克思主义幸福观将发展过程划分为二个部分。

1. 大学生幸福观生成的理论前提在于认知幸福

人对幸福的认知需要以对幸福主体的正确认识为起点,这样才能感知正确的幸福。马克思否定实用哲学和经院哲学,认为人单纯的肉体、物质和精神快乐是抽象的,在马克思看来,幸福的逻辑主体不是抽象的、脱离实践的"人",而是处在现实的、可以通过经验观察到的、在一定条件下进行的发展过程中的人,人只有在现实社会的观察和对比中才会将这种"快乐"和"幸福"画等号,所以马克思认为在讨论幸福之前必须先明确人的主体性和社会性。从幸福观生成的理论逻辑角度来看,大学生幸福观教育必须先做好幸福本质认知教育,大学生需要正确认识马克思主义幸福主体,以此为基础去感知幸福。对于大学生来说,其必须先认识到自身和社会的关系,并以这种关系为依据来审视和感知幸福,这样才能有效发现物质幸福、一般精神愉悦之外的高层次幸福体验,如在创造社会价值的过程中感知自我实现的幸福等。

2. 大学生幸福观生成的理论过程在于主体实践

马克思主义幸福观认为,人对幸福本身和幸福实现途径的认识需要以实践为基础,科学的幸福观则要以对良性幸福感知和幸福实现过程的体验为前提。马克思从社会生活的本质来揭示幸福的本质,所以对幸福本质的认识要基于实践,在这种情况下,人认识了"人"和"社会"的属性后,才会超越各种神秘主义、形式主义、抽象主义，认识幸福的本质包括了物质幸福、精神幸福，并且基于社会生活的实践性来认识幸福须由实践和奋斗来创造，至此，人可以形成基本完整且正确的个体幸福观。对于大学生来说，要在体验正确的幸福的过程中对幸福本身形成正确认识。这实际上也是新时代幸福观中实践与幸福辩证统一的主要理论依据，具体从大学生幸福观教育的角度来看，教育工作者需要引导学生以社会人的身份体验多样化的幸福，体验的重心应放在实现幸福的过程，这样才能让大学生意识到幸福不是享受。

3. 大学生幸福观生成的理论目标在于认知集体幸福

马克思主义幸福观认为，人的幸福既组成了集体的幸福，也依托于集体幸福，对于大学生来说，其在完善幸福认知的过程中也必须建立起推动集体幸福发展的意识和决心，这是实现个体幸福的基础和条件，也是组成个体幸福的更高层次的内容。马克思提出的"现实的人"的幸福的终极结果是实现每个自由而全面的发展，这从本质上揭示了人类幸福的最高境界，这也是每个个体在生存和存在时理应追求的目标。大学生要充分认识个体幸福与集体幸福的关系，并由此建立更高层次的幸福追求。这实际上也是新时代幸福观中个人与人民、社会、集体幸福辩证统一的主要理论依据，本质上解释了幸福发展的终极目标。

（二）大学生幸福观生成的时代逻辑

幸福是人存在和发展的根本动力，在不同的民族与文化中人们对其内涵有着不同的认识，也会伴随着时代的发展而出现诸多变化。不同的时代下，幸福的具象化的表现、具象化的实践方式、具象化的集体幸福目标都会有所变化。新时代大学生幸福观认知的发展也需要与时代相结合，运用新时代中国特色社会主义幸福观来更正确地、深刻地、全面地认识个体幸福，理解幸福的实现过程与终极目标。

1. 大学生幸福观生成的时代性前提在于认识物质与精神幸福的统一

在马克思主义幸福观出现前，中西方都出现并形成了有着深远时代影响的幸福观念，我们以现代人的眼光来审视这些传统甚至落后的幸福观念时，会发现在当时是具有明显先进性的，这是由于社会发展的实际水平限制了人所能实现的幸福，也限制了人对更理想的幸福的认识。所以，新时代的大学生也要结合新时代的特点来认识新时代的幸福。

习近平同志结合中国发展现状和战略发展目标，在马克思主义幸福观、中国特色社会主义幸福观的基础上提出了新时代幸福观，他从时代视域下对马克思主义幸福观中个体幸福的本质进行了辩证总结。他认同马克思关于物质幸福必要性的论述，认为物质是人类生存和发展的基础，提出"如果我们选择了最能为人类而工作的职业……那时我们所享受的就不是可怜的、有限的、自私的乐趣"[①]，只有满足物质幸福的才有追求精神幸福的基本条件。他也高度认同精神幸福在个体幸福构成中的必要性，他倡导青年应谋求更高层次的感情追求和更大价值的人生取向，并告诫青年"要比就比谁更有志气、谁更勤奋学习、谁更热爱劳动、谁更有爱心"[②]。对于新时代的大学生来说，其在认识幸福时要形成时代视野、现实视野，当然，教育者还需要注意当下中国学生追求单纯物质幸福、追求错误的精神幸福的现象，避免学生对幸福的认知出现偏差。

2. 大学生幸福观生成的时代性过程在于感知奋斗本身的幸福

马克思主义幸福观认为幸福的根基在于实践，他对于未来理想化共产主义社会的构想是人的自我实现及全面发展，在这种环境下人的生产劳动不再是一种负担，而成为人幸福的组成部分。马克思对于幸福的认知显然上升到了更高的层面，即不再将幸福作为"目标""目的"，而是将实现"传统的幸福目标、目的"的过程也视为"幸福的组成部分"，即认为幸福目标与幸福实践的途径是辩证统一的。但在传统的幸福教育中，大多数教育者将幸福的目的和实践途径分开来讨论，这就导致了部分学生认为实践只是过程，而对实践本身缺乏足够的兴趣。

习近平同志则通过更通俗的方式解释了幸福目标与途径的辩证统一关系，也为现代青年解释了幸福的深层本质。他曾多次提到"幸福都是奋斗出

---

① 中共中央马克思恩格斯列宁斯大林著作编译局. 马克思恩格斯选集：第1卷[M]. 北京：人民出版社，2012：459.
② 中共中央文献研究室. 习近平关于青少年和共青团工作论述摘编[M]. 北京：中央文献出版社，2017：32.

来的""幸福源于劳动和创造",直接解释了劳动和实践是实现幸福的基本途径。同时,习近平同志也多次指出"奋斗就是一种幸福",此类论述说明了幸福目标与途径的统一性,他认为不劳而获的幸福是虚幻的,这不仅不利于人对幸福的完整感受,也不利于树立人对幸福结果的满足感,所以他说"奋斗者是精神最富足的人……也是最享受幸福的人"[①]。这实际上是对马克思主义幸福根基认知的完善,引导大学生从"通过奋斗追求幸福"向更高层次的"感受奋斗本身的幸福"发展。对大学生来说,在认识幸福时要注重感知追求和创造幸福的过程本身,尊重自我个性的张扬,敢于发挥和运用自己的能力,在奋斗的过程中感受自我社会价值的释放、自我生命价值的升华,从而在这种实践过程中收获充足的幸福体验,从而对幸福本身、幸福的实现根基产生更深刻的认识。

3. 大学生幸福观生成的时代性目标在于认识共建与共享集体幸福的价值

基于马克思主义幸福观通过相对抽象的"劳动力解放""人自由全面的发展"来解释集体幸福的价值,许多教育者错误地认为这一观念的本质是"集体创造的社会发展成果形成了个体创造幸福的条件",因此错误地将追求和创造集体幸福视为了一种"实现个体幸福的途径"。简单来看,这种认识的错误之处就在于对个体幸福与集体幸福的关系认知不到位,其认为集体幸福发生在个体幸福之前,不认为集体幸福是由个体幸福构成的。

习近平同志在党的十九大报告中提出,"中国共产党人的初心和使命,就是为中国人民谋幸福,为中华民族谋复兴"[②],他将人民幸福的中国梦与国家和民族的幸福梦紧密地联系起来,本质上是通过实现国家富强、民族振兴、人民总体幸福来实现国家和民族的集体幸福。他认为中国的文化特性和时代发展特性高度强调了人与集体的统一,而不是单纯地将人视为集体的依附物,正如习近平同志所言"国家好,民族好,大家才会好"[③],实现新时代国家和民族的幸福不仅仅是所有人民的责任,人民也应为集体奉献,由此

---

① 习近平. 在 2018 年春节团拜会上的讲话 [N]. 四川日报,2018-02-15(002).
② 习近平. 在同各界优秀青年代表座谈时的讲话 [N]. 人民日报,2013-05-05(002).
③ 习近平. 决胜全面建成小康社会 夺取新时代中国特色社会主义伟大胜利:在中国共产党第十九次全国代表大会上的报告 [J]. 理论学习,2017(12):4-25.

获得更多集体发展带来的幸福体验。对于新时代大学生来说，其在认识集体幸福时要正确地认识党和政府在努力推动共建和共享集体方面做出的努力，一方面要保持共建集体幸福的积极意识，努力在本职工作中承担起中华民族伟大复兴的时代使命，有效推动集体幸福发展；另一方面要对共享集体幸福抱有坚定信心，深刻体会国家与民族发展为个人幸福提供的助力，不断增强为实现集体幸福而奋斗的决心。

第四节 大学生幸福观教育的重要价值

关于大学生幸福观教育的重要价值，笔者认为可以从宏观、中观、微观三个层面进行分析。宏观是指社会发展层面，中观是指高校教育发展层面，微观则是指大学生个人发展层面。

一、大学生幸福观教育的宏观价值

从社会发展的宏观层面来看，大学生作为社会发展未来的支柱，其所具备的幸福观必然会对社会发展产生影响。因此，对大学生进行幸福观教育，引导大学生构建科学的幸福观就显得至关重要。具体而言，大学生幸福观教育在社会发展这一宏观层面所体现的价值主要包括如下几点。

（一）有助于促进社会和谐

社会和谐体现了人的内在精神需求，这也是幸福的一个重要条件。社会的和谐虽然以社会为立足点，但其内涵是非常丰富的，包含人与人之间的和谐、人与社会之间的和谐、人与自然之间的和谐，只有从上述三个层面构建起和谐的关系，才能真正实现社会的和谐。也许从表面上来看，大学生科学幸福观的构建与上述三个方面没有联系，但其实如果剖析科学幸福观的本质，便不难发现其中的内在联系。

科学的幸福观包含哪些内容，其中一个必不可少的内容就是马克思主义幸福观，在马克思主义幸福观中，强调四个"和谐统一"：主观与客观的和谐统一、物质与精神的和谐统一、个人劳动奉献与享受的和谐统一以及个人幸福与社会幸福的和谐统一。在上述四个"和谐统一"中，个人幸福与社会幸福的和谐统一能够指导大学生正确认识个人与他人、个人与社会、个人与自然的关系，这有助于大学生避免形成"极端个人主义""极端自由主义"等不科学的幸福观。试想，如果大学生被"极端个人主义""极端自由主义"等不科学的幸福观影响，在社会交往中，总是以自我为中心，那么与他人之间的关系必然会逐渐走向不和谐，进而也会导致社会的不和谐。而科学的幸福感则可以避免上述情况的出现，并指导大学生学会与他人相处、与社会相处、与自然相处，从而推动社会的和谐。

（二）有助于促进社会主义精神文明建设

精神文明是指人类在改造客观世界和主观世界的过程中所取得的精神成果的总和。在社会主义建设中，社会主义精神文明建设发挥着重要的作用，尤其在新的时代，随着我国经济的快速发展，社会大众在初步满足了物质需求的基础上，对精神文化的需求愈加凸显，因此，加强社会主义精神文明建设迫在眉睫。社会主义精神文明建设主要包括两个方面：科学文化建设和思想道德建设。其中，大学生幸福观教育与思想道德建设有着非常紧密的联系。

道德是幸福的一个重要支撑，所以在大学生幸福观教育中必然会增加思想道德教育的内容，这无疑有助于大学生思想道德的提升，进而从大学生这一群体推动社会主义精神文明的建设。此外，在马克思主义幸福观中，强调物质幸福和精神幸福统一，这有助于使学生正确看待物质和精神的关系。如今，有些大学生过分重视物质的作用，也将过多的精力放在对物质的追求上，这显然无助于大学生思想道德的建设，也无助于大学生精神境界的提升，而通过马克思主义幸福观的引导，便可以让这些学生认识到物质和精神的关系，从而使学生构建正确的物质观，并能够将更多的精力放到精神文化的追求上，进而从大学生这一群体推动社会主义精神文明的建设。

（三）有助于推动人民幸福的实现

习近平同志在党的十九大报告中强调，"实现全国人民共同幸福、恢复民族的繁荣昌盛，就是我党的重要责任和最初目标"[1]，党对人民幸福的追求本质上是对集体幸福的长远追求，作为时代青年的代表，大学生也需要将人民幸福作为根本追求。新时代人民群众对于幸福生活的期望和要求不断丰富、标准不断提升，在社会分工高度细化的大前提下，创造幸福的难度有所提升，因此需要引导大众积极投身创造和实现幸福的民族事业中来，同时也需要均衡的分配幸福，这样才能长久地保持国家与民族发展的内在动力，也才能让广大青年成为中国特色社会主义的有效建设者。具体到大学生的角度来看，新时代幸福观的内涵是认识奋斗在实现幸福时的重要性、认清个人幸福与民族与国家幸福的关系，同时建立实现中国梦的理想担当和自我实现的内在动力。因此，站在社会发展的角度来看，大学生作为时代青年的代表，其科学幸福观的构建有助于为社会发展提供助力，从而为人民幸福这一目标的实现增添助力。

二、大学生幸福观教育的中观价值

从高校教育发展的中观层面来看，在新的时代背景下，随着教育改革的不断推进，也对高校教育提出了更高的要求。幸福观作为影响学生发展的一个要素，通过开展幸福观教育可以更好地促进大学生的发展，这能够在一定程度上满足时代对高校教育的要求。具体而言，大学生幸福观教育对高校教育发展的作用主要体现在如下两个方面。

（一）有助于高校教育质量的提高

在党的十八大，"立德树人"作为教育的根本任务被提出，同时指出要坚持改革创新，坚持育人为本。对于高校而言，育人是教育的落脚点，高校应培养年青一代具有正确认识自己、正确认识他人、正确认识社会的品质，并对国家、对民族具有高度的责任感。由此可见，在新的时代要求下，高校教育质量不再仅仅通过专业成绩去体现，而是要真正落脚到大学生的全面发展上。显然，幸福观作为大学生三观的一种综合体现，在一定程度上反映着

---

[1] 习近平.决胜全面建成小康社会 夺取新时代中国特色社会主义伟大胜利：习近平同志代表第十八届中央委员会向大会作的报告[N].人民日报，2017-10-19（002）.

大学生的综合素养，所以针对大学生幸福观开展的教育有助于提升大学生的综合素养，进而在一定程度上促进高校教育质量的提高。

（二）有助于推动高校教育的改革

党的十九届五中全会擘画了"十四五"时期发展蓝图，强调要进一步深化教育改革。高校作为人才培养的一个重要阵地，必须要抓住重要战略时期，着力深化教育改革思想，从而为国家的发展提供坚实的人才支撑。高校教育改革是一项系统的工程，必须要全盘谋划，全面发力，立足于大学生的全面发展，而不仅仅是针对学生的专业素养。在新的时代背景下，幸福观的重要性愈加凸显，所以幸福观教育已经成为高校教育中不可或缺的组成部分，而通过开展幸福观教育无疑也能够进一步深化高校的教育改革。其实，高校教育改革本身就是一个动态的过程，不是一蹴而就的，也不是一成不变的，而是需要随着时代的发展不断地进行创新，从而使高校教育能够不断满足时代发展的需求。

三、大学生幸福观教育的微观价值

大学生幸福观教育的微观价值主要体现在对学生个体发展的促进作用。大学生正处在人生发展的重要阶段，他们即将步入社会，通过幸福观教育，可以进一步促进其个体的发展，从而为其今后的发展奠定坚实的基础。

（一）培养大学生价值观念

马克思主义幸福观认为，幸福是人维持自我存在的心理状态，是人对自我发展的决策、做出各类主观行动时的核心目标，只有人对各类价值的序列有了较为科学的认识时，才能够对不同类型的幸福目标进行合理排序。当大学生认识到精神收获的价值高于一般的物质收获时，他们对于幸福的追求就不会局限于对"一般物质与享乐欲望"的满足，而会追求更高层次的"自我实现"等精神幸福。大学生价值观念发展能够帮助他们建立正确的幸福观，在培养幸福观的过程中也能够同步塑造其价值观。新时代幸福观教育普遍强调将幸福观教育与一般的思政教育相融合，发挥价值观教育对幸福观教育的支撑作用，借用幸福观教育来推动学生价值观发展。因此，从大学生观念发展的基本逻辑、新时代幸福观教育的主流方式等角度看，对大学生进行幸福观培育可以推动大学生价值观的发展。

（二）强化大学生发展意识

当前，我国大学生幸福观教育多集中在幸福本质、感知幸福的方法上，对追求和实现幸福的理念与方法教育有所不足。幸福依托于创造，创造与享受相对独立又绝对统一，大学生不了解创造和实现幸福的方法，就有可能陷入享乐主义等思想窠臼，这既不能维持个人的长久幸福体验，又不符合新时代赋予大学生的使命。习近平同志在多个场合多次强调"幸福都是奋斗出来的""奋斗本身就是一种幸福""新时代是奋斗者的时代"，指明了幸福的基本实现路径、新时代幸福的新内涵、新时代幸福观教育的重要性。大学生需要认识奋斗与个人幸福的基本关系，努力学习和提升自我，未来才能以坚定的奋斗意识开展有价值的劳动，为追求幸福创造条件。

（三）培养大学生积极的人生态度

幸福观受个体人生态度的影响，与此同时，幸福观也会对个体的人生态度产生影响。所谓人生态度，简单来说，就是个体对待人生的一种比较稳定的心理倾向，具体表现为个体对生死、名利、苦乐、荣辱、美丑、善恶等人生基本问题的态度。人与人之间存在着差异，在人生态度上也同样存在着差异，而从某种意义上来说，不同的人生态度会导致不同的人生。当然，人生并不是只有一种，我们也很难界定哪种人生才是成功的，但有一点可以确定，那就是人生的整体格调应该是积极的。而在影响人生态度的因素中，幸福观是一个非常重要的因素，因为幸福观的内涵非常广泛，其对大学生的影响包括对幸福的感知、对幸福的体验、对幸福的追求和对幸福的创造，显然，无论缺少任何一个元素，都会影响学生对幸福的获得，进而影响学生对认识的态度。由此可见，通过对大学生开展幸福观教育，可以让大学生在正确幸福观的引导下构建起积极的人生态度，而积极的人生态度又会引导学生更好地获取幸福，进而进入一个良性的循环。

第二章　理论为基：大学生幸福观教育的理论基础

第一节　中国传统文化中的幸福观

中国是具有五千年历史的文明古国，经过五千年的积淀，我国形成了内涵丰富的传统文化，其中包含诸多关于幸福的精神资源。虽然不同学派之间针对幸福的观点有所区别，但他们的最终指向是相同的，那就是幸福。研究我国传统文化中的幸福观，对于指导当代大学生如何建立正确的幸福观具有非常积极的意义。关于中国传统文化中的幸福观，从自我修养、国家幸福、人生理想等维度展开论述，如图 2-1 所示。

图 2-1　中国传统文化中的幸福观

一、自我修养：幸福的内在维度

在我国的传统文化中，关于自我修养的内容有很多，这是个体追求幸福的一个内在维度，即个体需要不断地提升自我，在各方面进行自我教育和自我塑造，这既是个体实现幸福的一个目标，也是个体实现幸福的不竭动力。

（一）克己复礼

论语载："颜渊问仁。子曰：克己复礼，为仁。一日克己复礼，天下归仁焉。为仁由己，而由人乎哉？"孔子认为要达到"仁"的境界，就需要从自身做起，即克己复礼，而只有达到了"仁"，才能成为真正幸福的人。何为"克己"？何晏在《论语集解》中说："克己，约身也。"意思是，"克己"就是约束自己的欲望。由此可见，儒家关于欲望的观点是克制，这一点不同于道家的"见素抱朴，少私寡欲"，也有别于佛家的"物我两忘，无私无欲"。在孔子看来，人的欲望是与生俱来的，我们很难将欲望彻底割舍，但也不能一味地放纵自己的欲望，所以需要克制自己的欲望，而非将欲望完全灭绝。

关于如何"克己"，孔子指出："非礼勿视，非礼勿听，非礼勿言，非礼勿动。"在孔子看来，凡是不合乎"礼"的，就需要做到不看、不听、不说、不动。由此可见，"礼"是"克己"的一个行为准则。那什么是"礼"呢，在儒家的思想中，"礼"概指符合身份和地位的行为规范，如长幼、尊卑、君臣等。当然，有些关于"礼"的内容在今天已经不再适用，但仍旧有一些内容是适用的，这些内容能够用于指导和约束我们今天的行为规范。总之，克己复礼作为儒家文化中的一个重要观点，与当代幸福观中的幸福适度性原则非常相似，即幸福不是无节制的，也不是自由散漫的，而是应克制不合理的欲望，才能更好地获得幸福。

（二）德福一致

在我国传统文化中，认为道德和幸福是融为一体的，主张德福一致。的确，无论是那个学派，都强调个人道德的修养，这是为人之本。《周易·坤》曰："君子以厚德载物。"意思是说一个人的品德要像大地一样海纳百川。《国语·晋语六》曰："吾闻之，唯厚德者能受多福，无福而服者众，必自伤也。"

意思是说厚德和有福是一致的，厚德者才能服众。一个人没有德而得了福，本来就是不合情理的，如果得到了很多人的服从，情况就更加不正常，最终会受到伤害。由此可见，对于幸福的向往和追求，无论是理论层面还是实践层面，都包含着符合道德的行为，如果离开了道德的指引，得到的幸福也不是真正意义上的幸福。

（三）错而改之

正所谓"人非圣贤，孰能无过"，更何况圣贤也会犯错。孔子在教导弟子时，常常强调"过则勿惮改"，因为在孔子看来，人都是有缺点的，犯错在所难免，只要认识到错误，并积极改正，就是值得肯定的。孔子在看待弟子的错误时，重视的不是错误本身，而是弟子看待错误的态度，因为态度能够影响一个人长远的发展。试想，如果一个人犯错后不承认错误，也不知悔改，那么今后很有可能会继续犯错，甚至错误会愈演愈烈。在自我成长的道路上，每个人都可能会犯各种各样的错，犯错后不要害怕面对错误，而是要以积极的态度直面错误，并改正错误，这是一个人自我修养的必经之路。其实，"错而改之"也是一个人追求幸福的态度，即在追求幸福的道路上也可能会出现错误，此时只要积极改正，不断修正自己的道路，终会到达幸福的终点。

二、人生理想：幸福的价值维度

人生理想是个体幸福追求的一个价值维度，即个人理想的实现既能体现一个人的人生价值，同时也能够让个体在理想实现中获得幸福。

（一）志存高远

"立志"在我国国学经典中出现的频率很高，如《荀子·劝学》中的"无冥冥之志者，无昭昭之明；无昏昏之事者，无赫赫之功"，《诸葛亮集·诫外甥书》中的"夫志当存高远，慕先贤，绝情欲，弃凝滞，使庶几之志，揭然有所存，恻然有所感"，《世说新语·自新》中的"人患志之不立，亦何忧令名不彰邪"等。由此可见，志向对于一个人是至关重要的，有了高远的志向，便有了前进的目标，才能够激励一个人不断地奋斗。从某种意义上来说，幸福也是一个目标，但幸福这一目标并不是明确的，而是需要通过其他目标的实现去促使幸福这一目标的实现。而在确立奋斗的目标时,先贤告诉我们应该"志存高远",即要树立远大的志向。

提到志存高远,也许会有人认为过高的志向是不切实际的,如同无底的欲望一般,会消耗人的意志。不可否认,无论是在传统文化中,还是在现代的一些理念中,都强调人不可好高骛远,要脚踏实地,这一点毋庸置疑。但其实志存高远与好高骛远之间有着本质的区别,正确理解二者的区别,才能更好地看待立志的问题。从二者要表达的意思来看,志存高远的意思是追求远大的理想、事业上的抱负,出自三国时期诸葛亮的《诸葛亮集·诫外甥书》;而好高骛远的意思是脱离实际地追求不可能实现的过高、过远的目标,出自《宋史·道学传一·程颢传》。由上述解释可知,二者的一个本质区别是是否脱离实际,进一步来解释就是对自己以及自己当前所处的情况是否有一个清晰的认知,然后结合自己的情况设定相应的志向。概而言之,在树立志向时,我们应该树立远大的志向,但也要结合自己的实际情况,切忌设定虚无缥缈、不可能实现的目标,这样才有助于目标的实现,并实现自身的价值,进而在自身价值实现中获得幸福。

(二) 自强不息

关于人生理想的问题,先贤们在指出要志存高远的同时,还强调要自强不息,这是实现人生理想的一个重要路径。《周易》有云:"天行健,君子以自强不息;地势坤,君子以厚德载物。"意思是说天(即自然)的运动刚强劲健,相应地,君子处世,也应像天一样,自我力求进步,刚毅坚卓,发愤图强,永不停息;大地的气势厚实和顺,君子应增厚美德,容载万物。"路漫漫其修远兮,吾将上下而求索",人生的道路是漫长的,在追求人生理想的路途上,需要我们以自强不息的精神去不断求索,才有可能达到成功。另外,在为人生理想奋斗的过程中,每个人都可能会遇到挫折,在遇到挫折时,更需要自强不息的精神,不停下前进的脚步,最终实现人生理想,实现有价值的幸福人生。

(三) 知行合一

关于知行学说,最早见于《尚书》,在《尚书·商书·说命中》有"非知之艰，行之惟艰"的论述，意思是不是知道它艰难，而是实行它很难。的确，在现实生活中有很多事情都是如此，认识事物的道理并不难，但真正落实起来却非常困难，因此，很多人在现实生活中都是"知"多"行"少。然而，"行"是实现人生理想以及人生价值必不可少的要素，如果只有"知"，而没有"行"，必然难以实现人生理想与人生价值，最终自然也不能从中获得幸福。因此，很多先贤强调要重视"行"，如宋代的思想家朱熹指出："知行常相须，如目无足不行，足无目不见。论先后，知为先；论轻重，行为重。"朱熹认为"知先行后，知轻行重"。明代思想家王阳明则指出，要"知行合一"，即"知"与"行"不可分割，二者也无轻重之分，而是要同等看待，并将二者紧密地结合起来，从而在知行合一中不断接近自己的理想，不断提升自己的价值，进而获得幸福的人生。

三、国家幸福：幸福的责任维度

在传统文化中，对于国家的概念非常重视，因为先贤们认为，相较于个人的幸福而言，国家的幸福更有意义。当幸福观由个人层面上升到国家层面之后，幸福的维度也便随之上升到责任维度，这是一种忧国忧民的责任意识，是一种"万民和，国家富"的责任意识，也是新时代每个公民都应该具备的一种责任意识。

（一）兼爱天下

兼爱天下的概念源自墨子的《墨子·兼爱》，墨子在《墨子·兼爱》中提道："凡天下祸篡怨恨，其所以起者，以不想爱生也。"墨子认为，"乱"这一现象的产生在于"子自爱，不爱其父，故亏父而自利；弟自爱，不爱其兄，故亏兄而自利；臣自爱而不爱其君，故亏君而自利"。概括来说，就是人人自爱而不爱他人，所以每个人都会为了一己私利去侵害他人的利益。在这一论述的基础上，墨子提出了"兼爱"的理念，"爱人者，夫爱人者，人必从而爱之；利人者，人必从而利之；恶人者，人必从而恶之；害人者，人必从而害之，此何难之有，特上弗以为政，士不以为行，故也"，即只有人与人之间相互友爱，才能构建一个和谐的国家。我们每个人都是国家的一分子，一个国家的兴盛与每个人都息息相关，如果人与人之间是相互友爱的，那么所有的个体便可以团结成一个整体，这个国家也必然会走向强大，而生活在一个强大的国家，个体也必然是感到幸福的。

(二) 尚群为公

传统文化中的幸福观不仅崇尚个人的德福一致，还特别强调国家的幸福，并且认为国家的幸福高于个体的幸福。比如，王安石的"公私无异财"，范仲淹的"先天下之忧而忧，后天下之乐而乐"，顾炎武的"天下兴亡，匹夫有责"，林则徐的"苟利国家生死矣，岂因祸福避趋之"，等等，这都是一种尚群为公的幸福观。关于个体幸福与社会幸福，二者的关系密不可分，是一种相互依存的关系。诚然，在今天我们仍然崇尚尚群为公的幸福观，但并不认为个体必须要为了国家幸福而去牺牲自己的幸福，而是应该要权衡好个人幸福与国家幸福的关系，从而实现个人幸福与国家幸福的统一。

第二节 马克思主义幸福观

幸福是人们的普遍追求，追求幸福也是每个人的权利，而怎样追求幸福，应具有怎样的幸福观，是值得每一个人思考的问题。马克思主义幸福观是一种贴近现实的人生哲学，在论述以及内容上更加地科学，也能够更好地解释人生的价值问题。因此，研究马克思主义幸福观，对于指导当代大学生如何建立正确的幸福观具有非常积极的意义。

一、马克思主义幸福观的内涵

马克思指出"幸福指人之所以为人的真理与自己同在时的心理状态，包括一切真实的事物、人性的道理、他人的生命甚至动物的生命与自己同在等，是一种心理欲望得到满足时的状态，是一种持续时间较长的对生活的满足和感到生活有巨大乐趣并自然而然地希望持续久远的愉快心情"[①]。马克思主

[①] 中共中央马克思恩格斯列宁斯大林著作编译局. 马克思恩格斯全集: 第1卷 [M]. 北京: 人民出版社，2012: 78.

义幸福观指出，人们对幸福的看法和感受属于主观意识形态的范畴，但幸福又不仅是个人单纯意志的体现，幸福必须是个人通过自己的辛勤劳动，在满足个人物质需求的同时，既满足个人的精神需求，又创造出对社会有价值的财富。

马克思主张废除作为人民虚幻幸福的宗教，他认为现实社会的人无法通过神的外部赐予获得幸福。幸福是人的自然需求和正当欲望的满足，而这种满足不会持续存在，是在现实生活中由多个短暂的幸福组成。首先，幸福必然由自主劳动所创造，在劳动的过程中，人的自身能力与价值得到外显。如此，人们才具备有效感知物质与精神幸福的基本条件。其次，幸福是一种相对的概念，即人的幸福无法脱离社会发展而单独存在。社会发展是个人幸福的前提，为个人幸福的实现创造环境和条件，而社会幸福必须依靠每个个体的努力和推动，最终构建这个社会的幸福。最后，幸福的目标与标准是动态的，其受主体认知左右，同时随时间和历史进程而变化。马克思幸福思想对以往的各种幸福进行了总结和发展，认为幸福必须是人的物质需要和精神需要相结合、个人幸福与社会幸福相统一、劳动和享受相依托才能真正实现。具体而言，马克思主义幸福观的内涵可以从如下四个方面进行详细的解读（如图2-2所示）。

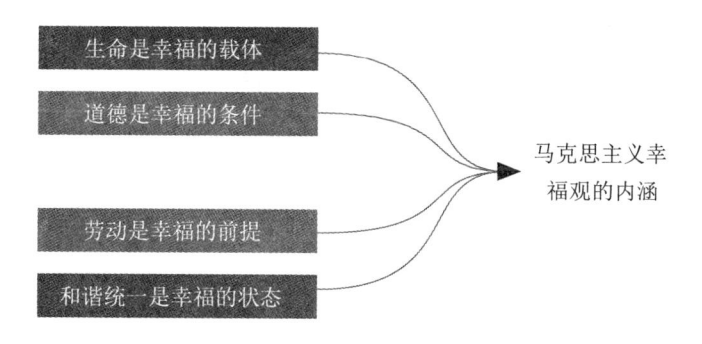

图2-2 马克思主义幸福观的内涵

（一）生命是幸福的载体

西方哲学家针对幸福和生命的问题进行过探索，其中，柏拉图是较早提出唯心主义幸福观的学者,他认为幸福和生命是割裂开的,并否定了物质对精神的作用,将思想看作是独立于物质实体(包括生命)之外的东西,因此,柏拉图的唯心主义幸福观更加强调精神幸福的重要性。不可否认,精神幸福非常重要,并且精神幸福在层次上高于物质幸福,但精神幸福并不是独立存在的,它是以物质幸福为基础的,也是不能脱离生命而存在的。因此,从现在的观点去看,柏拉图的唯心主义幸福观存在一定的缺陷。在柏拉图唯心主义幸福观的基础上,费尔巴哈进行了一定的完善,引入了唯物主义思想,但仍旧不能客观论述生命和幸福的关系。

马克思否定了唯心主义幸福观,他认为幸福是建立在物质决定论基础上的,而生命作为一切物质的根本性依托,它是幸福的重要载体。一方面,追求幸福是每个人的需求,也是每一个人的权利,"在每个人的意识或感觉中都存在着这样的原理,它们是颠扑不破的原则,是整个历史发展的结果,是无须加以论证……例如,每个人都追求幸福"[1]。显然,追求幸福的一个重要载体就是生命,如果没有生命,那关于幸福的一切都将是虚无的。另一方面,生命是产生需求的根本,而需求又是幸福的一个根本动力,与此同时,幸福的获得又会作用于人的生命,让人感受到生命的价值,三者以生命为基础,紧密联系,相互影响,如图2-3所示。

图2-3 生命、需求、幸福的关系

---

[1] 中共中央马克思恩格斯列宁斯大林著作编译局.马克思恩格斯全集:第42卷[M].北京:人民出版社,2012:373.

（二）道德是幸福的条件

无论是对于个体还是对于社会，道德都是幸福实现的基本条件，因为个体处在社会之中，与他人必然会产生联系，这种联系会影响其幸福观的形成。因此，人与人之间幸福的关联性决定了人在追求自身的幸福时，还需要考虑他人的幸福，而这就需要道德作为支撑性的条件。马克思指出，每个人为另一个人服务，目的是为自己服务；每一个人都把另一个人当作自己的手段互相利用。这两种情况在两个人的意识中是这样出现的：第一，每个人只有作为另一个人的手段才能达到自己的目的；第二，每个人只有作为自我目的（自我的存在）才能成为另一个人的手段（为他的存在）；第三，每个人是手段同时又是目的，而且只有成为手段才能达到自己的目的，只有把自己当作自我目的才能成为手段。[①]

马克思的上述论述是以利益为支撑的，即人与人之间的相互帮助是为了从他人身上获得利益。但利益并不是根本性的条件，因为只依靠利益捆绑的关系并不能长久，获得的幸福也存在杂质，这样的幸福并不是真正的幸福。因此，在利益论的基础上，马克思进一步强调，应培养一种利他主义、集体主义、国家观念和人类意识；与他人建立起互助互爱、互利互惠以及相互合作、相互信任、唇齿相依的关系，形成一种同心同德、团结一气、互相辅助的美德；树立遵从于共同利益的品性，确立社会互助协进的观念，培养号召民众、组织民众、发动民众的能力和意志，激发献身社会和改造世界的热情，塑造奋发图强、无私无畏、勇往向前的崇高人格和品性。[②] 简单来说，马克思注重道德实践与幸福的统一，认为幸福是在道德的生活实践中获得的，而背离道德的生活实践，并不能获得幸福，即便获得幸福，也不是真正的幸福。马克思关于道德与幸福的论述与我国传统文化中德福一致的论述非常相似，都强调了道德的重要性，并将道德作为实现幸福的一个必不可少的条件。

---

① 中共中央马克思恩格斯列宁斯大林著作编译局.马克思恩格斯全集：第46卷[M].北京：人民出版社，2012：196.
② 张之沧.论马克思的道德实践[J].道德与文明，2007（3）：8-10.

(三) 劳动是幸福的前提

马克思主义幸福观强调劳动和创造相互结合，对劳动创造价值予以了高度肯定。关于劳动，马克思提出了三个基本观点。

第一，人是劳动的产物，劳动创造了人类生存所需要的全部物质条件和精神条件。无论是对于个人还是对于社会，劳动都是一切活动的前提，如果停止了劳动，那么人类生存最基本的问题——吃、穿、住，便得不到解决，人类便会走向灭亡。因此，人类必须要进行劳动，必须要从事生产劳动，从而支撑人类的生存和发展。

第二，劳动是人类全部社会关系形成和发展的一个媒介，在劳动过程中，人类不仅同自然发生关系，也同他人发生关系，从而构成了一个社会系统。

第三，劳动推动着社会的发展。在推动社会发展的诸多因素中，劳动是根本性的因素，也是决定性的因素，缺少了劳动，社会的发展会停滞。

马克思将其劳动观具体到幸福观中，认为人类必须通过劳动满足其最基本的生存需求，并通过劳动实现人之为人的自由本质，最终在劳动中实现自身价值，并获得幸福。

(四) 和谐统一是幸福的状态

马克思主义幸福观关于幸福和谐统一的论述体现在四个方面，即主观与客观的和谐统一、物质与精神的和谐统一、个人劳动奉献与享受的和谐统一以及个人幸福与社会幸福的和谐统一。从某种意义上来说，和谐统一是幸福的一种理想状态。

1. 主观与客观的和谐统一

从主观意义上来说，幸福是个体对社会环境以及个人生活的一种主观认知和情绪化体验，个人的价值观、精神状态等都会影响个体的幸福观。客观上，个体的幸福通常是建立在社会客观体验基础之上的，幸福不能脱离社会客观条件而独立存在。马克思主义幸福观正是上述主客观因素的和谐统一。首先，幸福的主观因素是以客观因素为基础的，脱离了客观条件和物质，主观的幸福也便会变得虚无缥缈。其次，幸福的主客观因素是相互关联和相互影响的。幸福离不开人类主观的客观性体验，而人类为了追求更好的主观性体验，还会受到主观性的驱动去改变客观，也就是通过社会实践活动去改造客观世界，从而达到主观与客观相统一的目的。

2. 物质与精神的和谐统一

马克思主义幸福观认为物质生活和精神生活是人类生活的两种形式，其中，物质生活是基础，精神生活是追求，二者缺一不可，缺少了任何一方，人类都不可能获得真正的幸福。马克思主义幸福观否定了西方哲学中精神幸福至上的观点，指出了物质幸福的重要性，因为物质是幸福的基础，是人得以生存的必要条件，同时也是社会发展的必要条件。因此，马克思指出，人们追求物质的满足是合理的，而且是必需的，如果缺乏了这一条件，幸福便难以实现。当然，这种物质上的追求应当是合理的，而不是无限扩张自己的欲望，最终在物质追求中迷失自己。

马克思主义幸福观在强调物质幸福的同时，还指出了精神幸福的重要性，因为人不仅仅是物质存在，还是精神的存在，如果缺少了精神，人与动物的本质性区别便会消除，人或许也就不能再称为人。的确，就人与动物而言，二者都有追求物质幸福的本能，所以物质幸福绝对不是幸福的唯一内容。对于人类而言，除了生存这一自然需求外，还需要超越自然属性的束缚，去追求高于自然生命的存在意义，即要追求高尚的精神，得到精神上的幸福，这是人类所独有的。

总之，马克思主义幸福观指出，物质幸福为精神幸福提供必要的条件，同时，精神幸福又反作用于物质幸福，二者相互作用，不可分割。

3. 个人劳动奉献与享受的和谐统一

劳动是幸福的前提，劳动可以产生幸福。一方面，劳动产生价值，这种价值能够让个体进一步认识到自己存在的意义，从而在精神上使个体产生幸福观。另一方面，劳动产生物质上的财富，这种财富能够支撑个体追求物质上的幸福，即一定程度上的享受。马克思主义幸福观虽然反对享乐主义，但马克思认为物质享受是必要的，因此，个人的劳动奉献和享受应该是和谐统一的。

4. 个人幸福与社会幸福的和谐统一

个体幸福是指个人需求通过正当途径得以满足时的心理体验。个体幸福属于个人的"小幸福",这种幸福是建立在自身幸福观基础之上的,受个人主观认识的影响。社会幸福则是指建立于社会大多数成员基础上的,属于群体的普遍幸福,是社会群体对于现实生活的共同美好体验,也从某种程度上折射出了社会的文明程度。马克思主义幸福观强调社会幸福,因为在马克思看来,社会幸福包含着个人幸福,如果缺少了社会幸福,那么个人幸福也必然难以长久。因此,马克思主张个体应为社会幸福的实现创造条件。当然,马克思虽然主张社会幸福,但并没有忽视个人幸福,因为从某种程度上来说,社会幸福的实现是以个人幸福为基础的,如果缺少了个人幸福,那社会幸福也很难实现。因此,马克思主义幸福观强调个人幸福和社会幸福的和谐统一,追求的是个人幸福和社会幸福的同步实现。

二、马克思主义幸福观的当代意义

通过对马克思主义幸福观的内涵进行详细的分析,可以比较直观地看到,马克思主义幸福观对人的活动及其特点具有深刻的把握,紧扣了社会发展和历史变迁的脉搏,抓住和顺应了人们追求美好生活的价值期待,合理地回答了人类长期以来关于幸福问题的思考。因此,马克思主义幸福观在当代仍具有重要的意义。具体而言,马克思主义幸福观的当代意义可以从宏观和微观两个角度进行论述。

(一)宏观视角下的意义

所谓宏观视角,就是从社会和国家发展的角度,去分析马克思主义幸福观的当代意义,具体可以从实现人民对美好生活的向往和中国梦的实现这两个方面进行分析和论述。

1. 马克思主义幸福观与人民对美好生活向往的实现

党的十九届五中全会审议通过的《中共中央关于制定国民经济和社会发展第十四个五年规划和二〇三五年远景目标的建议》提出,"十四五"时期经济社会发展必须遵循坚持以人民为中心的原则,坚持人民主体地位,坚持共同富裕方向,始终做到发展为了人民、发展依靠人民、发展成果由人民共享,维护人民根本利益,激发全体人民积极性、主动性、创造性,促进社会公平,增进民生福祉,不断实现人民对美好生活的向往。

在新的时期，社会主要矛盾已经转化为人民日益增长的美好生活需要和不平衡不充分的发展之间的矛盾，人民对美好生活的要求不断提高。而要实现人民对美好生活的向往，一个本质性的要求就是共同富裕。要实现共同富裕，一方面需要国家从宏观上做出系统的谋划和战略部署，另一方面则需要人民群众脚踏实地地奋斗，即通过劳动去实现自身价值，从而不断获得财富的积累，进而增强自身的获得感与幸福感。马克思主义幸福观指出了个人劳动的重要性，这一点与习近平同志提出的奋斗幸福观非常相似。要实现共同富裕，要实现人民对幸福生活的美好向往，离不开全体人民的不懈努力和奋斗，全体人民要通过积极开展各种自觉的创造性劳动，不断创造财富，由此获得各项生产生活资料，并充分展现自身的价值与能力，进而产生极大的满足感和幸福感。

2. 马克思主义幸福观与中国梦的实现

关于中国梦，自党的十八大以来，习近平总书记围绕什么是中国梦、怎样实现中国梦等问题，提出了一系列富有创建性的新观点和新思想。比如，中国梦既是国家的，也是民族的，更是每一个人的；实现中国梦，必须走中国道路，凝聚中国力量，弘扬中国精神；中国梦是和平、发展、合作、共赢的梦，不仅要造福中国人民，更要造福世界人民。虽然中国梦的内涵在不断丰富，国家的富强、人民的幸福和民族的复兴。其中，人民的幸福既是中国梦的内涵，也是中国梦的一个目标。而立足在人民幸福上，马克思主义幸福观和中国梦在价值追求上无疑具有一致性。

中国共产党自成立以来，便一直致力于为广大人民群众谋福祉，所以中国梦追求的就是人民的幸福。无论是国家的富强还是民族的振兴，其最终指向的都是人民，即最终的落脚点也是人民的幸福。中国梦是一个高瞻远瞩的重要思想，道出了人民群众的心声，所有的中国人都能够在中国梦的感召下迸发出坚定的决心和信心，为中国梦的实现，同时也是为个人梦的实现不懈努力和奋斗。

在任何时代，都需要以梦想作为灯塔，需要以梦想作为激励所有人一起奋斗的目标。中国梦是中国特色社会主义实践的理想实现，蕴含着鲜明的目标意识，在全面建成小康社会的关键阶段，共产党通过深入洞察中国历史和现实，在当代中国发展蓝图中进行战略思考，提出中华民族伟大复兴的梦想，这是实现人民共同富裕和国家现代化的重要途径。[①]

中国梦既是个人梦，也是国家梦，这种辩证统一的关系与个人幸福和社会幸福的辩证关系有着相似之处。关于个人幸福和社会幸福，马克思认为，个人幸福依托于社会幸福，而社会幸福指向个人幸福，二者是一种和谐统一的关系。因此，无论是立足人民幸福这一本质内涵，还是立足个人梦与国家梦的辩证关系，马克思主义幸福观对中国梦的实现具有一定的指导意义。

（二）微观视角下的意义

微观视角则是站在个人生活的层面上，对个人来说，马克思主义幸福观对于每个人都具有一定的指导价值和启发意义。

1. 马克思主义幸福观与大学生的价值追求

从大学生的价值追求来看，大学生都在努力追求更好的发展，但由于有些学生对幸福的理解存在偏差，所以导致其价值追求也存在一定的偏差。比如，有些大学生过分迷信享乐主义，认为物质是幸福的根本，所以在价值追求上将物质或财富作为全部的追求，忽视了精神上的价值追求。不可否认，物质是幸福的基础，这一点在马克思主义幸福观中也反复强调，但马克思主义幸福观也同时指出，物质不是幸福的全部，如果只重视物质的追求，而忽视精神上的追求，这样得到的幸福显然不是真正的幸福。马克思主义幸福观指出了幸福的本质，强调了幸福观的"四个和谐统一"（即主观与客观的和谐统一、物质与精神的和谐统一、个人劳动奉献与享受的和谐统一以及个人幸福与社会幸福的和谐统一），这"四个和谐统一"不仅能够指导大学生理解幸福、追求幸福，也有助于指导大学生树立正确的价值追求。

2. 马克思主义幸福观与大学生的生活方式

在正确的价值追求下，大学生的生活方式也会得到一定程度的约束。大学，作为学生学习和成长的一个重要场所，为学生提供了丰富的学习资源，学生应该充分利用这些资源，努力提升自己。然而，有些大学生在进入大学

---

① 梁梁.中国梦的本质是国家富强、民族振兴、人民幸福[J].刊授党校.2018（8）：14-15.

之后，非但没有积极利用大学校园丰富的资源，反而不断地放纵自己，逃课、玩游戏成了他们生活的日常，这种生活方式显然不利于大学生的发展。马克思主义幸福观针对幸福做出了深入的解读，这些解读能够让大学生认识到幸福的本质，有助于大学生树立正确的价值追求。其实，大学生的生活方式是其内在价值追求的一种外显，当大学生能够树立正确的价值追求后，也自然可以逐渐校正自己的行为，从而逐渐形成一种积极健康的生活方式。

第三节 新时代中国特色社会主义幸福观

新时代中国特色社会主义幸福观是建立在中国特色社会主义实践和现实基础上的幸福观，是以中国人民过上美好生活为奋斗目标并为之奋斗、努力实现的幸福观，其将人民的幸福作为落脚点，寻求个人全面发展、社会全面进步、人与自然和谐共生，以新的发展理念为引领，着眼于构建人类命运共同体的整体、全面和开放的幸福观。新时代中国特色社会主义幸福观在新时代中国发展视野下对国家幸福、人民幸福等做出了更符合中国实情的描述，既丰富了马克思主义幸福观的理论体系，也为实现中国人民的幸福和中华民族的伟大复兴之路指明了基本方向和原则，同时对于指导大学生的幸福观教育也起到了非常积极的作用。

一、新时代中国特色社会主义幸福观的时代要求

新时代，人民群众的物质生活有了显著的提升，其幸福感的满足渐渐由物质向精神转移，对科学的幸福观有了新的需要和要求。新时代中国特色社会主义幸福观应运而生。

（一）新时代中国社会发展和展望需要实现人民幸福

中国经济与社会在改革开放后获得了高速发展，使中国人民能够从追求温饱和基本生活质量的提高中挣脱出来，在越发良好的生活条件及环境下，越来越多的人能够更准确地定位个人梦想，并有条件为个人梦想的追求与实现进行奋斗，这是人性解放的时代必然结果。人民幸福是发展的目的和归宿，

这在于中国现代化开放与公平社会环境逐步完善，人性解放只是其中能够产生作用的众多要素之一。在中国进入新时代后，人民群众追求梦想和创造人生幸福的目标更为明确，当人民群众越发广泛地主动去追求人生幸福时，群众经验将能够为国家与社会共同幸福与发展提供有效的参考及指导。

（二）中国现实国情需要实现人民幸福

人民幸福之所以成为中国共产党及共产党人共同奋斗的目标，是因为在中国当前的国情下人民幸福的满足度仍不够理想，还有很多人离最基础的物质幸福尚有一段距离。中国距离达成高度幸福的社会环境还有很长的奋斗路程。当前中国国家与民族的发展大业仍在继续，无论是从党的使命还是从人民发展的基本追求来看，人民幸福是国家和民族综合发展的必要条件，同时人民幸福也是人民生活及精神发展的重要追求。

（三）国家经济发展与人民生活改善的实践需要实现人民幸福

在践行中国特色社会主义发展理念及发展目标、推动中国经济及社会发展以及为人民创造更美好生活的奋斗过程中，都需要充分坚持以人民的利益为先这一准则，由此才能更好地为人民幸福生活的构建贡献充足力量，真正与人民群众一起创造更良好的经济社会环境，使人民幸福的奋斗目标能够更早实现。对于人民幸福的必要性认知是综合中国社会发展现实、中国共产党人的根本价值追求和人民幸福与发展目标的实践需求而提出的，这是中国发展的现实要求和必然路径。

二、新时代中国特色社会主义幸福观的丰富内涵

新时代中国特色社会主义幸福观的核心与本质是人民幸福，党的十九大报告中指出，"增进民生福祉是发展的根本目的，必须多谋民生之利、多解民生之忧，在发展中补齐民生短板，促进社会主义公平正义"[1]。

---

[1] 习近平. 决胜全面建成小康社会 夺取新时代中国特色社会主义伟大胜利[N]. 人民日报, 2017-10-28（001）.

（一）以人民幸福为基本立场

新时代中国特色社会主义幸福观的基本立场是追求和实现人民幸福，这是在马克思唯物主义观念下人民群众是社会历史的主体所决定的。习近平新时代中国特色社会主义思想将人民视为社会历史的创造者和推动者，新时代的社会幸福本质上也是人民的幸福。首先，党和国家将人民幸福作为发展奋斗的基本目标，一切发展和治理活动都以民生发展为核心，强调为人民群众谋福利，解决人民群众担忧的问题、帮助人民群众创造利益。其次，在短期发展和治理过程中要优先提升人民幸福的基本水平，即关注现阶段社会发展下贫困人口的物质与精神生活问题，一方面大力帮扶贫困人口，使生活质量较低的群众能够改善生活条件，并且有能力为自己创造更好的生活条件，从本质上解决人民幸福的问题，全面地提升人民群众的创造能力，而非单纯地资源再分配。最后，通过传播使人民幸福的立场深入人民群众的内心，使之成为社会普遍且公认的崇高幸福观，即要让人民幸福从一种宏观的价值观转化为能够确切指导个人行动的幸福观，带动全社会的思想发展和进步。因此，新时代中国特色社会主义幸福观强调了人民的主体性，将满足人民美好生活需求作为重要内容，追求根本上的、真正的人民幸福。

（二）以发展作为幸福的主要内容

党的十九大报告中指出，"中国特色社会主义进入新时代，我国社会主要矛盾已经转化为人民日益增长的美好生活需要和不平衡不充分的发展之间的矛盾"[1]，这说明了人民幸福与发展密切相关。新时代中国特色社会主义的五大发展理念从"创新、协调、绿色、开放、共享"这五个方面阐述了幸福的主要内容。

一是创新发展是幸福的根本动力，社会发展和人类自身的发展都离不开创新。创新有制度创新、科技创新和文化创新，这些都是提高人民幸福最重要的来源。

二是协调发展是人民幸福的稳定保障。人民要幸福，社会要发展，协调

---

[1] 习近平.决胜全面建成小康社会 夺取新时代中国特色社会主义伟大胜利[N].人民日报，2017-10-28（001）.

是合力，只有协调才能更好地缩小贫富差距，实现平衡稳定的发展。

三是绿色发展是幸福的必要条件。绿色发展是为了更好地实现人与自然的和谐发展，建设良好的生态环境，为人民创造舒适优美的居住环境，促进人民幸福的实现。

四是开放发展是幸福的重要方式。在新时代全球化的背景下，中国的发展必须顺应世界潮流，坚持开放发展，积极推动人类命运共同体的构建，为促进世界各国人民的幸福贡献中国智慧和力量。

五是共享发展是实现幸福的重要目标。在社会主义现代化进程中，离不开人民，社会主义的建设成果由人民共同享有，这是幸福观的重要要义，充分体现了以人民为中心的重要思想。

习近平同志强调，"五大发展理念相互贯通、相互促进，是具有内在联系的集合体，要统一贯彻，不能顾此失彼，也不能相互替代"[1]。新时代中国特色社会主义幸福观以新的发展理念引领新时代中国特色社会主义建设事业，是解决新时代中国发展不平衡不充分问题为使命的实践幸福观，这也是对马克思主义幸福观中国化发展最大的实践转化。

（三）以奋斗作为实现幸福的基本途径

新时代中国特色社会主义幸福观不仅拓展了幸福的内涵，更强调了幸福的实现途径就是奋斗。习近平同志多次提到，幸福都是奋斗出来的，奋斗本身就是一种幸福，只有奋斗的人生才称得上是幸福的人生，新时代就是奋斗的时代。[2] 幸福是人类的共同追求，奋斗是为了满足人们的某种需要或某种目的而进行的实践活动，其最终的根本目的是为了追求幸福。奋斗是幸福的源泉，幸福是奋斗的目标，两者是不可分割的有机整体。新时代，大众对于物质生活的需求得到充分满足，但对更高水平的美好物质和精神生活的追求仍然存在，未来有必要继续激励人民群众的奋斗意识，为民族和国家的长期发展注入充足动力，为集体的长久幸福做好基础保障。人们只有在奋斗中才

---

[1] 中共中央宣传部.习近平总书记系列重要讲话读本：2016 年版[M].北京：人民出版社.2016：136.
[2] 习近平.习近平在2018年春节团拜会上的讲话[N].四川日报.2018-02-15（002）.

能真正实现获得幸福的现实性和可能性。在以人民幸福为目标的社会发展中，人民群众需要自主加入奋斗的行列中，真正通过奋斗来创造价值，推动社会整体价值创造水平的提升，以此为新时代国家和人民发展注入长久动力，使人民群众更快地创造并享受幸福。

三、新时代中国特色社会主义幸福观与马克思主义幸福观的关系

（一）新时代中国特色社会主义幸福观是对马克思主义幸福观的理论继承

1. 人民幸福：新时代中国特色社会主义幸福观在幸福核心价值认同上对马克思主义幸福观的继承

马克思主义幸福观有着对传统宗教幸福观念的理性批判，认为这种将神视为幸福缔造者和施予者的观念不具备现实性，人只有在现实世界中才能够创造和达到幸福。马克思提出了以人为本的幸福观基本理念，将人视为幸福的主体，是对传统宗教幸福观念的一种超越。新时代中国特色社会主义幸福观也高度强调以人为本的幸福主旨。习近平同志在党的十九大报告中进一步明确了人民的主体地位，指出"人民是历史的创造者，是决定党和国家前途命运的根本力量"[1]。习近平同志以中国梦为载体阐述了新时代中国特色社会主义幸福观的三个基本维度，其中着重强调了人民幸福与国家、民族幸福同等重要，"四个全面"也进一步强调了人民的主体地位。马克思将人视为幸福的根本主体，认为幸福是人的本质追求。新时代中国特色社会主义幸福观把人民幸福视为中国共产党奋斗的基本目标，充分说明了人在国家和社会幸福发展中的核心地位，同样强调了以人民为本的幸福理念。

2. 人的自由全面发展：新时代中国特色社会主义幸福观在追求幸福目标上对马克思主义幸福观的继承

马克思提出人的全面发展能够构建更为灵活自由的社会分工模式，使人可以根据社会需要或爱好进行生产，这实际上解释了人的幸福需要以人的自由全面发展为目的，而实现这一目标的必要条件是人处于共同体中，共同体

---

[1] 习近平. 决胜全面建成小康社会 夺取新时代中国特色社会主义伟大胜利：在中国共产党第十九次全国代表大会上的报告 [J]. 中国人力资源社会保障，2017（11）：10-27.

中的个体为了实现不同的幸福目标而行动,而且这些行动最终都能促进共同体的发展,为成员创造共同的利益。此时,每个人的幸福总是与他人相关的,在自身幸福的同时帮助他人获得幸福。新时代的幸福观从中国发展现实出发,指出个人幸福的中国梦最根本的就是为了实现每个人自由而全面的发展,将人对幸福的追求视为本能的生理与心理诉求,但满足这一诉求必须提高综合能力,此后还应摆脱人的幸福对物的依赖。这样,人们才能够有充裕的时间、充足的动力、良好的外部条件去创造、追求幸福,人的幸福感才能由此提升。从中国全面建成小康社会的目标来看,其中人的发展目标有两点:一是保障人的最低生活水平,消除落后地区、偏远地区人民的区域发展问题和人民物质生活问题;二是推动人的普遍发展,实现人与人均等和谐发展,全面提升广大人民群众的幸福体验。这揭示了新时代中国特色社会主义幸福感着重追求人的自由发展。

马克思追寻的幸福的终极目标就是实现人的自由全面发展,新时代中国特色社会主义幸福观的追求目标是经济上满足人民幸福所需的基本物质保障、政治上满足人民幸福生活的公平制度保障、文化上满足中国人民对新生活的美好诉求以及人的全面发展。

3. 劳动实践:新时代中国特色社会主义幸福观在实现幸福途径上对马克思主义幸福观的继承

首先,马克思幸福思想指出,幸福源于人在社会中的劳动实践,这种实践创造的价值组成了幸福的基本内容,这是人以自主意识改造世界、创造属于人类的世界与社会的开端,也是人类真正获得区别于动物幸福体验的内在条件,这从人的存在角度揭示了劳动是创造幸福的根本途径。其次,马克思主义幸福观认为,劳动是人超越自身的自然本质、融入人类社会的必然要素,这种自觉的实践改造了人自身的存在状态,产生了更多样化的价值,使人有条件在对比的过程中对物质幸福产生更深刻的体验。最后,马克思主义幸福观认为,劳动释放了人的内在潜能,在超越物质幸福后,劳动能让人更清晰地感受到自身价值,实现个体的差异化、自由化,回归本质的全面发展让人产生了精神幸福的体验,也由此丰富了个体的幸福体验。

马克思幸福思想高度强调劳动实践的重要性,而新时代中国特色社会主义幸福观恰恰也强调了这一点。习近平同志提到"奋斗本身就是一种幸福。只有奋斗的人生才称得上幸福的人生,新时代就是奋斗者的时代"[①],指出所有的幸福都必然要通过辛勤的劳动和不懈的奋斗获取,奋斗与幸福之间有着密切的互促关系。新时代背景下,大众对物质生活的基本需求得到充分满足,但对更高水平的美好物质生活、精神生活追求的仍然存在,并将会长期提升,未来有必要继续激励人民群众的奋斗意识,为民族和国家长期发展注入充足动力,为集体的长期幸福做好基础保障。总之,马克思认为"人类社会的几乎所有活动都是以劳动的形式而呈现的"。新时代中国特色社会主义幸福观认为获取幸福的根本途径就是奋斗,奋斗是获得幸福的源泉。

(二)新时代中国特色社会主义幸福观对马克思幸福观的中国化发展

1. 实现民族伟大复兴:新时代中国特色社会主义幸福观对马克思主义幸福观在使命上的中国化发展

新时代中国特色社会主义幸福观与马克思幸福思想历史使命是不同的,马克思幸福思想是在社会主义于现实中尚未取得实践突破的背景下提出的,带有一定的理想与憧憬意味,而新时代中国特色社会主义幸福观是时代的产物,是具体的、具有更高实践性的思想理论,是根据中国的实际对马克思幸福思想进行了时代发展。

新中国发展过程中历届领导人提出的幸福观都是结合了中国发展的实际。江泽民同志提出的"三个代表"重要思想本质上是将马克思主义的幸福思想结合中国现实而提出的新的使命要求,即实践是开辟幸福的真谛,而先进生产力发展的目标就是为了满足人民的物质需求,先进文化发展的目标就是为了满足人民的精神需求,这是社会生产力发展过程中人民幸福观念和意识高速变化下必要的使命变化;胡锦涛同志提出的"科学发展观"思想强调以人为本地统筹人民幸福蓝图、强调社会和谐发展的重要性、强调每个人都要充分发挥自身能力以及履行个人使命与责任,为社会和谐发展的幸福结果做出最大贡献,这种使命要求符合当时人民群众对和谐社会的迫切诉求,是当时中国社会和谐化发展要求的最佳匹配;习近平强调中国人民的幸福梦想

---

① 习近平. 习近平在2018年春节团拜会上的讲话[N]. 四川日报.2018-02-15(002).

就是伟大复兴的中国梦,人民是历史的创造者和幸福的承载者,中国梦也必须满足人民的利益诉求。

新时代,中国发展迎来新的希望,人民群众对美好生活的期望有所变化,但中国社会的现实发展尚不平衡、不充分,与人民日益增长的美好生活需要之间的矛盾还是我们社会的主要矛盾。因此,新时代中国特色社会主义幸福观的核心使命也应转变为中华民族的伟大复兴和社会的平衡和充分发展。

2. 中国梦的提出:新时代中国特色社会主义幸福观对马克思幸福思想在内容上的中国化发展

马克思幸福观内容可以归结为五点:一是指明了人的需求是推动人追求幸福的本质动力,人的个体幸福是最根本也是最基础的幸福;二是指出幸福不可能凭空获得,也不可能依靠他人赐予,幸福源于劳动和创造;三是强调幸福内涵的丰富性,尤其强调精神幸福的重要性;四是说明幸福不应围绕单一个体来讨论,个体幸福与社会集体幸福并存且互为依赖,这是幸福更重要的内涵;五是提出了幸福发展的最高标准,即满足人自由全面发展的需求。总体来看,马克思主义幸福观的内容更倾向于解释何为幸福、实现幸福的基本方式,以及幸福的理想顶点。结合现实来看,马克思主义幸福观从根本上说明了幸福的内涵。

新时代中国特色社会主义幸福观认为,人民幸福、国家幸福是幸福发展的顶层目标,最终要实现多层面、多角度且有丰富内涵的社会幸福,其不仅对幸福的概念进行了深入解析与细化说明,而且结合中国发展的时代现状,提出了更加符合中国国情的发展建议。新时代幸福观明确了国家和集体实现幸福的基本条件,即让全体人民先达成幸福,同时将这种满足人民心声的目标具化为中国梦。它以一种明确的文本符号向全党、全社会传递了新时代个人与国家集体幸福的实现路径,为中国广大人民幸福目标和国家集体幸福目标的实现提供了基本方向。新时代中国特色社会主义幸福观不仅关注中国人民日益增长的美好生活需求,而且着眼全世界,提出构建人类命运共同体,为中国人民的幸福创造良好的国际环境。这是对马克思幸福思想在内容方向上的又一新的发展。

3. 全面发展理念：新时代中国特色社会主义幸福观对马克思幸福观在目标上的中国化发展

马克思主义幸福观对幸福的实现目标有三个基本维度的认识。一是人民是幸福的实践主体，他认为大多数人的幸福才是真正的幸福，少数人的幸福不能代表全社会的幸福体验，而且始终会导致一大批底层群众远离幸福。只有充分肯定人民的主体地位，认可人民对社会和历史发展的根本推动作用，将人民幸福作为幸福发展的根本目标才有可能实现真正的集体幸福。二是倡导所有人通过实践追求和创造幸福。他认为，幸福必须经过个人和集体的努力和奋斗创造，无论是集体还是个人，都应当重视社会实践，从中获得成长与发展，并充分感知幸福，也从他人的认可与赞赏中获得更深层次的幸福体验。三是认为集体幸福更为重要，实现共产主义才能达成理想化的幸福状态。在共产主义社会中，人与社会的关系达到理想化的平衡和融合状态，人类最终追求共同幸福，所以建设共产主义社会也成为马克思对理想的幸福目标达成的根本期盼。

结合中国共产主义探索、社会主义实践的历程来看，绝对理想化的共产主义社会不可能一蹴而就，其高度依赖社会物质生活发展、精神文化发展水平的支持。所以，在中国特色社会主义实践中，党对幸福目标的追求也显得更切合实际，始终立足于现实情形讨论幸福目标。新时代中国特色社会主义幸福观强调个人的幸福目标不仅是实现个人的全面发展，更是要将美好生活、美好社会与良好生态相联系，强调幸福是个人、社会和生态全面、协调发展的有机统一，是全面幸福观、整体幸福观。这是对马克思幸福观发展最鲜明特色的发展，同时充分结合了中国社会的发展实际，追求脚踏实地的社会进步和发展，使人民群众能够稳扎稳打地追求和实现更高水平的幸福。

4. 新发展理念：新时代中国特色社会主义幸福观对马克思幸福观在途径上的中国化发展

马克思主义幸福观也是不断发展的幸福观，这不仅体现在马克思对幸福认知的发展和完善，而且体现在其是立足社会现实而对幸福内涵、实现模式的动态定义。在其完善后的幸福思想中认为，幸福总是处在变动状态，它实时反映着人民群众的基本诉求，时代发展和变化会赋予人新的诉求，所以不同时期的幸福目标与实现途径也需要灵活变化。

新时代中国特色社会主义幸福观把坚持新发展理念看作关系我国发展全局的一场深刻变革。它根据我国社会出现的新情况提出通过"创新、协调、绿色、开放、共享"五大新发展理念来解决和满足人民群众对美好生活的需求，这是新时代幸福观最具创造性的内容之一，也是其显著的特征。习近平强调"五大发展理念相互贯通、相互促进，是具有内在联系的集合体，要统一贯彻，不能顾此失彼，也不能相互替代。哪一个发展理念贯彻不到位，发展进程都会受到影响"①。新时代中国特色社会主义的幸福观以新的发展理念引领新时代中国特色社会主义建设事业，解决新时代中国发展不平衡不充分问题为使命的实践幸福观，这也是对马克思幸福思想中国化发展最大的实践转化。

总而言之，马克思主义幸福观是中国特色社会主义幸福观的一个重要的理论支撑，在指导中国特色社会主义幸福观理论体系的形成和发展中发挥了至关重要的作用。

四、新时代中国特色社会主义幸福观的实践价值

新时代中国特色社会主义幸福观具有极强的实践价值，这对未来中国经济社会发展、中国特色社会主义理论体系的完善以及青年（包括大学生）幸福观的教育都有重要的意义。

（一）继承与发展传统幸福理论，为社会矛盾化解提出路径

哲学视角下的幸福发展史基本等同于人类文明的发展史，从唯物史观的角度看，伴随时代的发展与进步人们对于"幸福本质"以及"实现幸福的方法"的认识也在变革和发展。新时代中国特色社会主义幸福观本身就对传统的幸福理论进行了发展，继承了马克思主义幸福观、中国共产党的幸福理念以及中国传统幸福观中的部分幸福思想。但其重点不在整合，而在于批判性继承和发展创新，其对马克思主义唯物史观和辩证法构建的幸福观理论进行了发展，进一步细化阐述了"全面的幸福观"，将马克思提出的较为抽象的"实现每个人的自由发展"目标进行了解读，从时代角度提出了更易理解的"自

---

① 习近平. 习近平谈治国理政：第2卷[M]. 北京：外文出版社. 2017：200.

我实现"和"民族复兴"目标，更有利于指导人民群众理解幸福；同时也对中国传统幸福观进行了批判性的继承，如在继承其幸福理念的同时也批判了儒家的主观能动性缺失、道家的个体幸福狭隘性和墨家对于物质幸福的忽视等，更有利于指导人民群众追求真正的幸福。

新时代中国特色社会主义幸福观对于传统幸福观的发展并不是单纯从理论角度提出的，而是通过完善的幸福观理论指导并解决三类现实问题：一是改革开放期间经济粗放化、不均衡发展导致部分群众幸福体验下降，我国改革开放期间经济发展增速虽高，但整体经济发展粗放，导致了环境与生态破坏，同时经济发展均衡性不足，部分人民群众的生活条件、生活质量不高，其幸福体验也受到影响。二是部分党政干部在落实经济发展责任的同时出现了以权谋私、铺张浪费、萎靡懈怠和脱离群众的问题，这一方面影响了党和政府的威信，另一方面也引发一些人民群众价值观念的异化，如官本位思想、追求权力地位等。[①] 三是文化开放导致人民群众的价值观念受到严重冲击，在改革开放后人们的物质生活得到显著改善，但西方一些片面、错误观念也借此传入国内，如西方理性幸福观中高雅与低俗的绝对对立、感性幸福观对于精神幸福的忽视、功利主义幸福观对于物质幸福过度追求、宗教主义幸福观不能承认和肯定现实等，这类错误的幸福观导致了部分人对幸福本质和实现幸福方法的认知出现了偏差，因此也导致一定程度的社会发展失衡。因此，中国共产党提出了人民幸福观、发展幸福观和奋斗幸福观等，以此引导社会各界正确认识幸福，并指导经济与社会发展、党和政府的领导与人民群众的自我发展，从而更有效地化解社会矛盾，推动社会健康发展。

（二）关注青年（包括大学生）思想发展，为青年创造幸福提供科学指引

新时代中国特色社会主义幸福观所能影响的最核心的对象是广大青年，他们生活在时代一线，一方面对时代有着清晰的感受，了解时代发展的现状及其亟待解决的问题，另一方面对时代发展抱有无限期待，有着饱满的热情和充足的干劲。但从现实社会的发展来看，社会物质生活环境、文化环境和

---

① 闫金红. 新时代中国政治文化的价值理念与战略开发[J]. 理论探讨，2019（3）：38-43.

思想政治教育环境尚未完全消除青年思想发展问题，部分青年仍存在发展意识不足、理想信念偏差的问题。而新时代中国特色社会主义幸福观则能够消除外界环境的不良影响，并补充和支持思想政治教育，由此实现对青年发展的科学指引，进而为未来中国社会的全面发展提供具备更高综合素养的优秀青年人才。[1]

具体到青年教育实践中来看，新时代中国特色社会主义幸福观的教育有三个方面的独特价值。

其一，帮助青年建立正确的发展观。当代青年受功利主义、消费主义的影响较重，有些青年对于学习和劳动缺乏兴趣，更热衷于浅层的物质享受，这种虚幻幸福既不长久，也无法使其获得内在的幸福体验，任由这种思想在青年群体中不断扩散还会对社会发展造成严重阻碍。新时代中国特色社会主义幸福观则解释了劳动是创始幸福的根本、奋斗是实现幸福的动力、劳动和奋斗本身就是幸福的组成部分，由此可以指导青年正确认识幸福，扭转其发展观念。

其二，帮助青年找到创造幸福的正确路径。当代青年学习、生活和发展的压力较大，部分青年的发展动力缺失，进而导致其创新创业意识下滑，这会导致社会活力下降，新时代中国特色社会主义幸福观则高度强调奋斗幸福思想，指出幸福源于奋斗，这有利于激发青年的奋斗与创新意识，重塑并强化社会活力。[2]

其三，强化青年的奉献精神。有些青年的私利意识严重，这使得青年在参与社会建设、管理和服务等方面的积极性下降，这不利于社会共同发展与进步。新时代中国特色社会主义幸福观一方面以更直观的方式阐述了个人与集体幸福辩证统一的关系，另一方面也强调了"共创和共享幸福"，所以能够让青年意识到集体幸福是个人幸福的形成条件，也让青年对社会制度形成更强的认同感，由此提升其集体主义精神、爱国精神和奉献精神，为集体发

---

[1] 左丹丹.当代大学生马克思主义幸福观教育策略研究：评《大学生马克思主义幸福观教育研究》[J].中国青年研究，2019（6）：121.

[2] 王泾波.论新时代青年如何树立正确的人生观、幸福观[J].理论建设，2019（3）：104-107.

（三）理论与现实联系，为民族复兴创造长效动力

传统的幸福观大多数是纯理论性的幸福理念，较少从现实发展角度提出具体的幸福发展目标。而新时代中国特色社会主义幸福观则是以"中国梦"和"中华民族伟大复兴"为中心进行讨论的，从现实角度提出了更为明确的幸福目标，这使得广大党员干部、人民群众对于幸福的认知不再局限于理论层面，而是将其与个人发展、社会发展、国家与民族进步等现实问题紧密联系起来，[1]这使得人民群众可以更准确地认识幸福，还能够为实现中华民族伟大复兴的中国梦提供梦想成真的动力。

从"中国梦"和"民族伟大复兴"的目标看，新时代中国特色社会主义幸福观的提出对于实现此类目标有三个方面的推动价值。

其一，新时代中国特色社会主义幸福观高度强调物质幸福与精神幸福的统一，这能够不断改善人民群众对于幸福本质的认识，在满足物质生活基本需求的同时，将更多的精力放在追求和感受精神幸福，人民群众对于社会发展和生活的感受会有所改善，更能高效地提升个人幸福感。

其二，新时代中国特色社会主义幸福观高度强调个人幸福与集体幸福的统一，这能够不断强化社会各界对实现人民幸福的推动意识。[2]当人能够正确认识个人幸福与集体幸福的关系后，就能够意识到集体幸福不仅仅是个人幸福的集合，也是个人感受幸福和持续获取幸福的必要条件，因此，新时代中国特色社会主义幸福观的普及能够强化社会凝聚力，更有助于推动人民共同幸福。

其三，新时代中国特色社会主义幸福观强调创造幸福与享受幸福统一，这能够不断强化中华民族伟大复兴的条件。中华民族的伟大复兴高度依赖全党全国各族人民创新和创造，这样才能推动国家经济发展，强化民族文化特

---

[1] 柴素芳，李颖.思想政治教育关涉幸福的三个维度[J].思想教育研究，2019（7）：20-25.
[2] 刘歆，吕敏，苏百义.幸福的理论渊源、科学内涵及实践向度：基于马克思主义的视角[J].社科纵横，2019，34（12）：31-35.

色，新时代中国特色社会主义幸福观的普及能够有效提升全民创新、创造和奋斗意识，这有助于社会创新材料的累积，能够对中华民族的伟大复兴提供更充足的保障条件。

总之，新时代中国特色社会主义幸福观不仅为青年幸福观教育提供了指导，同时也为中国人民美好生活的发展以及中国社会的现代化发展提供了重要方向。只有坚定地以人民幸福作为根本要旨，积极主动投入人民幸福和社会共同幸福的奋斗中，才能为中华民族的伟大复兴贡献有效力量，也才能为中国全面建成社会主义现代化国家打下真正坚实的社会基础与群众基础。

第三章 他山之石：国外大学生幸福观教育分析与启示

第一节 国外大学生幸福观教育概况

一、各国大学生幸福观教育情况简述

纵观世界各国，由于不同国家之间的国情存在较大的差异，所以各国针对大学生的幸福观教育也存在差异。在此，以美国、法国、英国三个国家为代表，对其大学生幸福观教育情况做简要阐述。

（一）美国大学生幸福观教育

美国非常重视学生幸福观的养成，而为了实现这一目标，美国设置了非常丰富的教育内容，并通过官方和非官方两个渠道去渗透这些内容，从而将幸福观教育融入大学生学习和生活的方方面面，最终促进学生幸福观的养成。在大学生幸福观养成上，美国主要秉承实用主义、人本主义和个人主义，并以积极心理学、关怀理论为指导，形成了比较系统的教育体系。

在高校教学中，美国对大学生幸福观的教育不是单学科的，而是会通过学科的交叉和整合为学生进行全面的渗透。美国的学界普遍认为，专业教育的目标不是为了让学生掌握专业知识，而是为了让学生提高能力，这种能力既包括学科知识能力，也包括其他能力（如学习能力、创新能力、探究能力等）。虽然美国高校很少开设专业的道德教育课程或者幸福观教育课程，但会让教师在本学科的教学中积极挖掘道德教育（包括幸福教育）的要素，然后渗透到学科教学中，从而使学生获得综合性的发展。美国卡耐基基金会主席博耶曾经说过："对于任何一门充实的专业课程的学习，都要对三个问题做出回答，即这个领域的历史与传统是什么，它所涉及的社会和经济问题是什么，要面对哪些伦理和道德的问题。"[1]在这一点上，美国的很多高校也确实在积极践行。

除了在专业课程教学中渗透幸福观教育，美国也非常重视"实践体验"，即让学生在实践中获得幸福的体验。美国波士顿大学教授K.瑞安是著名的实践教育理论专家，他提出了"五个E"的道德教育模式，即榜样（example）、解释（explanation）、劝诫（exhortation）、环境（environment）和体验（experience）。[2]这一模式在指导美国大学生幸福观教育中发挥了积极的作用。对于高校开展的社会实践活动，美国政府给予了极大的支持。例如，2009年，奥巴马总统增加拨款57亿美元用于服务社会，鼓励学生志愿服务。[3]这一政策极大地提高了学生社会志愿服务的热情，也使得更多的学生在服务社会中形成了正确的幸福观。

（二）法国大学生幸福观教育

法国是较早开始思想政治教育的国家，早在法国大革命时期（18世纪末），革命派为了彻底击溃封建阶级的反扑，开始对民众的思想政治教育，并由此奠定了法国的人权思想。法国的人权思想是法国幸福观教育的一个重要支撑，也是幸福观教育重要的内容来源。虽然发展到今天，法国的人权思想已经发

---

[1] 李焕荣，李鹏.中美高校实施德育之比较[J].黑龙江高教研究，2007（7）：53-55.
[2] 潘发勤.新的道德教育：二战后美国的道德教育及瑞安的五种学习模式[J].外国中小学教育，1996（6）：40-43，45.
[3] 柏路.新时期美国高校道德教育的校园文化途径研究[J].思想政治教育，2014（7）：88-92.

生了一些变化，但其本质和方向并没有改变，它仍旧是法国思想教育（包括幸福观教育）的核心指导理念。在法国的人权思想中，自由、平等被认为是个体幸福的一个重要源泉，没有自由、平等，也便无从谈论幸福，而这也成为法国大学生幸福观教育中的一个观点支撑。

法国幸福观教育的主要途径是公民教育，其目标是培养公民正确的思想态度；培养公民端正的行为品格；培养公民正确的价值观；培养公民的爱国情操与国际和平思想。这一点在2000年法国颁布的《公民资格教育大纲》中便有所体现，在《公民资格教育大纲》的导言中便指出，人不是生来就是公民，而是成为公民的，公民不是一种状态，而是一种永远的赢取。[1] 依托于公民教育，法国形成了政府、学校、社会组织、家庭等各个方面的整体合力，并从法律层面予以保障。除了专门的公民课程之外，法国还将幸福观教育融合在专业课程中，如历史、地理、经济、美术等课程，从而形成了比较系统的教育体系。

（三）英国大学生幸福观教育

英国非常重视对学生人格、品质的塑造，虽然英国没有专门的思想政治教育课程，也没有幸福观教育课程，但英国会在学科教学中进行相关内容的渗透，从而完成对学生人格的塑造以及对学生幸福观的引导。这些课程包括社会学、哲学、伦理学、心理学、教育学、法学等诸多学科，并在这些学科中将人格教育、道德教育、爱国教育、幸福教育等进行整合，然后在完成学科教学的过程中实现对学生的道德教育。

除学校教育之外，英国还鼓励学生自愿参与一些社会活动，这属于一种广泛意义上的、非正式的、非强制性的教育。[2] 在鼓励的基础上，英国政府和社会组织还会通过各种途径为学生提供活动的机会，让学生在社会活动中感受幸福、获得幸福。当然，虽然很多活动是由政府和社会组织的，但他们仍旧重视学生的主导作用，让学生自我引导、自我发掘，从而使幸福观教育在无形中得到渗透。

---

[1] 魏传立. 法国公民教育对我国的启示 [J]. 法语学习，2011（3）：31-35.
[2] 陈琳瑛. 英国青年工作对我国思想政治教育的启示 [J]. 学校党建与思想教育，2015（9）：94-96.

二、国外大学生幸福观教育的基本理念

通过分析美国、法国、英国的幸福观教育，虽然不同国家之间存在差异，但在教育的理念上其实存在很多的共同点。通过整理、对比和分析，认为国外大学生幸福观教育的基本理念可大致归结为三点（如图3-1所示）。

国外大学生幸福观教育的基本理论
- 幸福观教育与专业教育相结合
- 幸福观教育与实践活动相结合
- 幸福观教育与人格塑造相结合

图3-1　国外大学生幸福观教育的基本理念

（一）幸福观教育与专业教育相结合

通过对美国、法国、英国等国家当前大学生幸福观教育现状的分析，不难看出，上述几个国家针对大学生幸福观的教育具有广泛性和渗透性的特点，即将幸福观教育渗透到各专业课程的教学中。针对学生的教育问题，国外很多高校都认为教育的目的在于促进学生的发展，专业知识只是学生发展中的一个方面，并不是全部。因此，在专业教育中，国外很多高校也非常重视对学生其他能力的引导和发展，并将幸福观教育在内的针对学生能力发展的教育渗透到各专业课程的教学中，从而使大学生的幸福观教育起到润物细无声的效果。

（二）幸福观教育与实践活动相结合

关于幸福的含义，幸福是一个抽象的概念，具有较强的主观性，所以对大学生幸福观的教育仅仅依靠理论课程很难实现，还需要结合实践活动，让学生在实践中将理论融会贯通，并在实践中学会创造幸福、感受幸福、获得幸福。关于这一点，美国、法国、英国等国家都在对学生的幸福观教育中积极践行，他们鼓励学生积极参与社会实践活动，甚至为学生提供帮助，这便极大地提高了学生参与社会实践活动的积极性，并取得了不错的成果。

(三)幸福观教育与人格塑造相结合

幸福观教育离不开健全人格的塑造,因为只有人格健全,才能正确地看待幸福,也才能更好地去感受幸福、创造幸福。关于人格教育,美国著名发展心理学家和教育家托马斯·里考纳是完善人格道德教育理论学派的代表人,他在 1991 年出版的《完善人格教育》一书中提出了学校应承担完善人格教育重任的 10 条理由以及进行完善人格教育的 12 种学校内外道德教育实践途径,形成了系统的完善人格道德教育理论,产生了广泛的教育影响。正是因为人格教育的重要性以及人格教育与幸福观教育的紧密联系,国外很多高校都秉承幸福观教育和人格塑造结合的理念,并积极践行在教育实践中,这是国外很多高校幸福观教育取得一定成果的一个重要因素。

第二节 国外大学生幸福观教育的特点

美国、法国、英国三个国家在大学生幸福观教育上虽然存在一定的差异,但在特性上也有一些共同点,这些共同点有些并不直观,但却渗透在他们的各种策略中。分析和提炼国外关于大学生幸福观教育的共同特点,有助于我们更好地对优点进行借鉴。具体而言,国外大学生幸福观教育的特点主要表现在如下几个方面(如图 3-2 所示)。

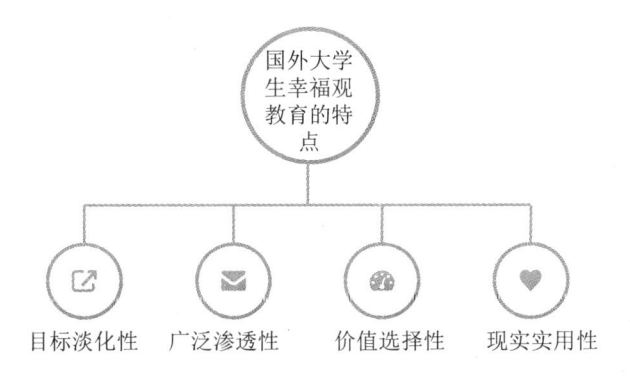

图 3-2 国外大学生幸福观教育的特点

一、目标淡化性

所谓目标淡化，就是将教育的目标淡化甚至隐藏起来，这一特征在国外高校的幸福观教育中较为常见。国外很多高校认为，学生幸福观教育不属于专业课程，所以不会设置专门的课程，更多时候是将该教育渗透到其他专业课程中以及实践活动中。在其他专业课程教学中，由于幸福观教育是隐形的，自然不会设置明确的教育目标，目标也自然是隐形的。而在社会实践活动中，虽然教育的目标是明确的，但学校也很少会将目标明确地告诉学生，更多时候只是呈现出积极、向上、健康的总体特征。

将教育的目标淡化具有一定的优势，其中最大的优势就是能够避免激发学生的反感和排斥。对于大学生来说，虽然身心发展已经比较成熟，也已经走出了叛逆期，但很多学生仍旧具有较强的个性，他们对说教性质的教育容易反感，甚至会产生排斥的心理。其实，这一点在每个人的身上都或多或少地有所体现，尤其在青年人身上体现得更为明显。从发展心理学的角度去看，在青年这个阶段，人们普遍具有较为强烈的自我意识，他们认为观念是自我的选择，而不是被人赋予的，如果将观念强加于他们，只会引起他们的反感和排斥。因此，将目标淡化或隐藏起来，让学生在一种相对自由的环境中去自由感受，让学生认为其幸福观是自己的选择，这样才能更加深入心灵，也更加持久。

当然，将目标淡化也有一定的缺点，那就是见效往往比较缓慢，因为教师不能敦促学生，要让学生自由地感受。另外，由于淡化了目标，所以在教育过程中也需要淡化一些概念，这样学生可能不会形成比较清晰的、明确的判断和价值选择，在面对消极、病态的幸福观时也容易犹豫不定，甚至陷入误区。

二、广泛渗透性

西方一些国家在大学生幸福观教育中体现出广泛性的特点，他们通过多个环节、多个层面、多种活动，在学生的学习和生活中融入了幸福观教育的相关内容。比如，在国家层面，一些国家通过影视作品渗透正确的幸福理念，让人们在观看影视作品的过程中受到潜移默化的影响。在社会管理层面，一些国家认为人权是幸福的源泉，所以在治理上采取柔性化的措施，强调在法律的框架下追求个人的自由与价值。在学校层面，一些国家将幸福观教育渗透到各专业的教学之中,并积极开展社会实践活动,让学生在课程学习以及实践中都能够受到潜移默化的影响。

采取广泛渗透的方式体现出了较大的优势。首先,幸福观教育不同于专业课程教育,它需要的不是集中式的、针对性的教育,而是普遍性的、持久性的教育,这就需要国家从多个环节、多个层面着手,从而确保幸福观教育的普遍性和可持续性。其次,幸福观教育不仅要面向大学生,还应该面向所有社会大众,广泛渗透的方式在教育大学生的同时,也能够起到教育他人的作用,可谓一举两得。

当然,很多事物都具有两面性,广泛渗透的方式虽然有很多优势,但它的优势同时也反映了它的缺点,那就是广泛渗透的要求很高,操作难度大,需要各主体间达成共识,并能够有效地进行协调,如果缺少这些条件,广泛渗透的效果无疑会大打折扣。

三、价值选择性

通过分析美国、法国、英国三个国家的大学生幸福观教育,不难发现他们都具有价值选择性的特点,之所以会出现这一特点,主要有两个原因。

第一,目前各国对于幸福的研究已经比较成熟,并由此形成了诸多的学派,虽然随着时间的推移,各派的理念出现了交叉和融合,但各派仍旧秉持着各自的核心理念(如积极心理学的幸福观、大众文化的幸福观、关怀理论的幸福观等)。对于不同学派的理念,其实并没有严格意义上的正确或错误,而经过时间的洗涤,能够流传下来并被人们接受的理念,必然具有一定的价值。多元的价值理念为学生的价值选择提供了基础。

第二,面对多元的价值理念,学校对学生进行幸福观教育时,并不会完全推崇某一个学派,也不会对某一个学派的观点进行肯定或否定,而是会比较客观地向学生阐述这些价值理念,并让学生进行自由选择,由此便进一步赋予了幸福观教育价值选择性的特点。

幸福观教育的价值选择性体现了学校对学生的尊重,能够让学生感受到非强制性的自由,并在这种自由的环境中选择自己的幸福理念,而由学生自我选择的幸福理念无疑能够更加深入学生的心灵,也能够更加持久。当然,自由选择也有比较突出的缺点，尤其在信息化时代，学生能够接触到的信息可谓是鱼龙混杂，那些病态的、消极的理念也同样会影响学生，如果不加以引导，可能会导致学生形成病态的幸福观，进而影响其今后的成长和发展。

四、现实实用性

实用主义在西方一些国家中非常盛行，这是一种强调实用性的主义，起源于美国，其主要的哲学观点包含四个方面。

①客观经验与现实等同。

②任何事物都处于变化的过程中。

③事物变化并非向着预定的遥远的目标，而是向着切近的目的，而它又将成为下一个切近目的的手段。

④目的是完成了的手段，手段是未完成的目的。[1]

概括来说，实用主义关注行动是否能带来某种实际的效果，也就是关注直接的效用、利益，有用即是真理，无用即为谬误。

实用主义在西方一些国家的幸福观教育中也体现得比较明显，他们非常重视教育内容的实用性，所以在对学生进行教育时，常常会从学生的需求入手，选择能够满足学生实际的幸福观点进行引导。从某种意义上来说，幸福观教育中的实用性特征彰显了西方一些国家在教育中对工具理性和价值理性的选择。工具理性和价值理性的概念来自对"合理性"的研究，而针对合理性，德国社会学家马克斯·韦伯提出了合理性的两种形式：一种是形式的合理性，即工具理性；另一种是实质意义的合理性，即价值合理。工具理性重点关注其有效性和实用性；价值理性则关注人对自身价值的存在意义的认知、建构、忧患、追求的自觉意识。[2]显然，西方一些国家在学生幸福观的教育中更倾向于工具理性，追求的是有效性和实用性。

实用主义的优点是明显的，即对实用性的关注与追求有助于产生一个较好的结果，但其缺点也是非常明显的，即在实用主义的影响下，容易导致对

---

[1] 星汉.不可不知的3000个文化常识[M].南昌：江西美术出版社，2018：147.

[2] 刘东杰.公共行政发展轨迹：工具理性与价值理性的选择[J].思茅师范高等专科学校学报，2010，26（5）：30-33.

价值理性的忽视，进而无法在更深的层面使幸福观教育达到一定的高度。

第三节　国外大学生幸福观教育的启示

就国情而言，我国与其他国家存在一定的差别，但对幸福的追求无疑是一致的，而且教育本身也存在很多共通的内容，所以国外一些国家在大学生幸福观教育中总结的经验仍旧值得我们进行一定程度的借鉴。具体而言，国外大学生幸福观教育带给我们的启示主要体现在如下三个方面（如图3-3所示）。

一　课内外相结合的实践教育
二　基于交流的对话教育
三　基于人文关怀的关怀教育

图 3-3　国外大学生幸福观教育的启示

一、课内外相结合的实践教育

在对大学生开展幸福观教育时，国外一些高校非常重视实践教育，而开展实践教育的方式是课内外相结合的方式，不仅有课堂内的认知实践，还有课堂外的社会实践，这是国外高校两种主要的实践教育方式。

（一）课内认知实践

国外高校的课内认知实践主要以案例、问题、项目等为主要内容，让学生通过讨论、实验等方式进行分析，从而提高学生分析问题和解决问题的能力。为了有比较充足的时间开展认知实践，让学生能够充分地展现自我，教师在安排幸福观教育的相关课程时，教师教学的时间通常不超过一半，这样能够给学生留下比较充足的时间去探讨和分析，并发表自己的见解和看法。

针对某些难度较大的问题，可以采取小组合作的方式，小组成员之间应具有互补性，有助于小组成员之间从不同的角度分析问题，进而得到更加全面的结论。总之，在幸福观教育的课内认知实践中，有两点是必须要保证的：一是引导学生积极主动地参与；二是丰富教学活动的形式，这样既可以提高学生参与的积极性，也可以通过丰富的活动形式让学生从多个方面加深对幸福观的认知。

（二）课外社会实践

课外社会实践主要是让大学生参与一些社会实践活动，这是实践教育中最重要的部分。西班牙著名思想家奥尔特加便曾指出："大学不仅需要与科学进行长期的、永久的接触，否则就要萎缩退化，而且需要和公共生活、历史事实以及现实环境保持接触。大学必须向其所处的时代的整个现实环境开放，必须投身于真正的生活，必须整个地融入外部环境。"[1] 幸福观具有一定的主观性，所以幸福观的形成在一定程度上受主观认知的影响，而社会实践活动是影响大学生主观认知的一个重要途径，所以通过社会实践活动去培养大学生的幸福观是一个必然的选择。例如，国外一些高校会组织大学生参与社区服务活动，在活动中，大学生的视野被打开，不再局限于理论的认知，而是对社会和社会中的不同群体有了更加深入的了解，这个过程不仅可以增强大学生的社会责任感，而且可以让大学生在对社会的认知中加深对幸福的认知，进而逐渐形成正确的幸福观。

上述两种实践教育方式采取课内外相结合的方式，对于促进大学生幸福观的构建能够起到非常积极的作用，所以值得我国高校借鉴。当然，在借鉴的过程中，切忌采取"拿来主义"，而是要结合教育实际有的放矢地采用，做好课内实践和实践有机结合，从而使实践教育的效用最大化。

二、基于交流的对话教育

所谓对话，就是主体双方基于自身的立场，通过语言媒介进行平等交流

---

[1] 奥尔特加·加塞特.大学的使命[M].徐小洲，陈军，译.杭州：浙江教育出版社，2001：98.

的一种活动。对话教育的基础是交流,这种教育方式能够促进师生间的沟通和交流,有助于解决教育中存在的很多问题,所以也值得我国高校进行借鉴。

(一)对话教育的特征

1. 平等性

平等性是对话教育最根本的一个特征,因为对话双方要想实现有效的沟通,彼此之间必须是平等的,也必须是相互尊重的,这样,对话双方才能自由地表达自己的思想。试想,如果在对话教育中,教师将自己置于优势的一方,将学生置于劣势的一方,那师生之间又怎么可能进行平等的对话?在这种情况下自然不能开展对话教育。因此,在对话教育中,教师要重新审视自己和学生的地位,要保证自己与学生的平等,从而保障对话教育的有效实施。

2. 开放性

对话教育的开放性主要表现在两个方面:一是对话方式的开放,二是对话内容的开放。对话方式的开放性是指教师与学生之间、学生与学生之间,既可以一对一,也可以一对多;对话内容的开放是指教师与学生之间、学生与学生之间可以自由发表自己的看法和见解,在内容上不做限制。开放性也是对话教育非常重要的一个特征,因为如果彼此封闭,显然不可能达到彼此间心灵的沟通,教育的效率也会大打折扣。

3. 理解性

在对话教育中,理解也是至关重要的,因为对话的双方在看法和见解上可能存在不同,而针对不同,对话双方要做的不是强制对方接受自己的见解,而是首先要学会理解对方,并寻求进一步的融合。从某种意义上来说,理解是对话的一个归宿,这也是对话教育要达到的一个目的。

(二)对对话教育的借鉴

通过国外高校的教育实践证明,在大学生的幸福观教育中,通过对话去引导大学生构建科学的幸福观是一条有效的路径,所以值得我国高校借鉴。在具体的借鉴中可以聚焦在以下两个方面。

1. 反对单纯的说教教育

说教教育是从教师单向对学生进行教育的一种方式,这种教育方式具有操作简便、直观等特点,也能够起到一定的作用,所以在教育中可以适当地采用说教教育(并选对方式方法)。当然,由于大学生具有较强的自主意识,对说教教育具有较强的抵触心理,所以我们反对单纯的说教教育,而是要结合对话教育,针对大学生幸福观相关的问题展开平等的对话,了解学生对幸福的认知,然后在和学生的沟通与交流中引导学生纠正错误的幸福观,并逐渐建立起科学的幸福观。

2. 尽可能缩短师生之间的距离

对话教育强调的是教育者和被教育者之间的沟通和交流,反对教育者和被教育者之间隔离,因为教育本身就是教育者和被教育者之间相互作用的一个过程,如果二者之间的距离过长,其相互之间的作用便会减弱,教育的效果也自然不会理想。尤其在对话教育中,对话是必要条件,而对话的开展需要师生之间将彼此的距离拉近,包括形式上的距离和思想上的距离。这样,师生之间可以更大限度地敞开自己的心扉,并真诚地表达自己的观点。因此,在大学生幸福观教育中,教师和学生都应该发挥自己的主观能动性,主动拉近彼此之间的关系,推动师生间的对话,从而在师生间平等的对话中引导学生逐渐构建起科学的幸福观。

三、基于人文关怀的关怀教育

人文关怀的本质是人性关怀,表现为对人的尊重,对人精神的重视。在大学生幸福观教育中,"幸福"是目的,而"人"是核心,教师不能本末倒置,为了追求"幸福",而忽视了"人"。因此,教师应体现出对学生的人文关怀,关心大学生的需求(主要体现在精神需求上),同时尊重大学生的需求,从而为学生营造一个良好的氛围和环境。国外一些高校针对大学生的幸福感教育,极大地体现了人文关怀的理念,他们反对划定统一的幸福标准,充分尊重学生的情感和心理需求,并重视学生的精神成长,重点在于启发学生内在的幸福需求,进而实现幸福教育的根本目标。基于这一认识,笔者认为我国高校在关怀教育中的借鉴可以体现在如下几个方面。

(一)体现在幸福观教育的目标上

教育目标是教育的一个归宿,在确定教育目标时,高校应充分考虑学生这一主体，体现出对学生的人文关怀。其实，教育的最终指向就是学生这一主体，所以幸福观教育目标的设置自然也是指向学生，而不是为了教育而教育。因此，大学生幸福观教育目标的确定应充分尊重学生的身心特征，并以满足学生的精神需求为幸福观教育的逻辑起点，同时给予学生更多的自主性，让学生能够自主构建自己的幸福观，进而使学生真正成为大学生幸福观教育的出发点和落脚点。

（二）体现在幸福观教育的方法上

教育方法是开展幸福观教育时所采取的手段和方式，在很大程度上影响着幸福观教育的质量。教育方法是教育目标的具体体现，即在目标的指引下采取适宜的教育方法，最终促使教育目标的实现。基于人文关怀的人文教育是以人为核心，表现为对受教育者的尊重，所以高校在开展幸福观教育时，采取的方法可以存在差异，但有一点是共通的，那就是要以学生为中心，以此来凸显对学生的尊重。其实，对大学生主体性的凸显也符合我国当前倡导的教育理念，这种教育方式不仅能够凸显对学生的人文关怀，同时也有助于发挥学生的主观能动性，并使学生在自主的探究中加深对幸福观的认知，从而促进幸福观教育目标的实现。

（三）体现在师生关系的处理上

关怀教育体现为教师对学生的人文关怀，这种关怀的实施需要师生之间不存在隔阂，即具有良好的师生关系。在当前的教育教学中，师生关系是一种备受关注的话题，虽然从表面上来看，师生关系与教学方法、教学内容无关，但它却是实施教学方法的一个重要支撑，缺少了这一支撑，教学方法的实施便可能受到影响，进而影响教学的效率。尤其在以人文关怀为基础的关怀教育中，师生关系显得更为重要，如果师生之间存在隔阂，那么学生对教师的一系列措施都会存在抵触心理，即便是教师的关怀也可能不被学生接受。其实，师生关系作为教师教育教学中的一个润滑剂，良好的师生关系有助于推动教师教育教学的实施，因此，即便不是在幸福观教育中，教师同样要重视起良好师生关系的构建，从而在良好的师生关系中提升幸福观教育的效率。

第四章　方向指引：大学生幸福观教育的方向把握

第一节　大学生情绪调控与幸福

"情绪"这个词我们并不陌生，在日常生活中，我们常常会受到情绪的影响，包括正面的情绪和负面的情绪，尤其负面情绪对我们的影响更为突出。如果一个人能够较好地控制自己的情绪，并积极消除自己的负面情绪，无疑会提升一个人的幸福感，并促进其科学幸福观的形成。与此同时，科学幸福观的形成也有助于大学生情绪的稳定。由此可见，二者是一种相互促进的关系。因此，在大学生幸福观教育中，教师应注重对学生情绪调控的指引，同时用科学的幸福观引导大学生形成稳定的情绪，最终形成一个良性的循环。

一、认识情绪

（一）情绪的概念

情绪是一种与生俱来的心理反应，是一种复杂的心理过程。关于情绪的概念，不同的学者有不同的界定。比如，张海婷认为，情绪是人对客观事物是否符合或满足自己的需要而产生的一种态度体验。需要是情绪产生的基础和源泉。

通常情况下，如果需要得到了满足，人们就会相应产生愉快、欢乐等积极情绪。相反，当人的需要得不到满足时，就会使人产生背向于这些事物的态度，从而产生烦恼、忧伤等消极情绪。① 再如，马立骥认为，情绪是指伴随着认知和意识过程产生的对外界事物态度的体验，是人脑对客观外界事物与主体需求之间关系的反应，是以个体需要为中介的一种心理活动。情绪由三种成分组成：①情绪涉及身体的变化，这些变化是情绪的表达形式；②情绪涉及有意识的体验；③情绪包含了认知的成分，涉及对外界事物的评价。②

虽然不同学者针对情绪的定义有所区别，但综合分析各学者对情绪的定义，可以发现其中的共同点，即针对情绪的界定大致都包含如下四个层面。

①生理反应：当产生某种情绪时，会相应地产生一些生理上的反应，如呼吸急促、肌肉紧绷、心跳加快等。

②心理反应：个体的主观心理感受，如紧张、愉快、憎恶、嫉妒、厌恶等。

③认知反应：个体对于引发情绪的事件所做出的判断或解释。比如，当某个人经常与你聊天，你会产生愉悦的情绪，并会就此做出对方是友善、善谈的判断。

④行为反应：个体因产生某种情绪而表现出来的行为，如眉开眼笑、哭泣等。

综上所述，情绪就是伴随认知而产生的一种心理活动，并且这种心理活动会引发相应的生理反应和行为反应，只是由于个体的不同，所表现出来的反应会存在一定的差异。

（二）情绪的产生

任何事物的产生都有相应的影响因素，情绪也不例外，具体来说，情绪的产生主要受以下三个因素的影响。

1. 客观刺激是情绪产生的前提

人为什么会产生各种各样的情绪，是凭空产生的吗？答案自然是否定的。人的任何情绪都不可能是自发的，而是由客观刺激引起的，没有客观刺激，

---

① 张海婷.高职大学生心理健康教育[M].北京：北京理工大学出版社，2020：81.
② 马立骥.大学生心理健康教育与实训[M].上海：上海交通大学出版社，2020：115.

人便不可能产生情绪。促使人情绪产生的客观刺激有外在环境刺激和内在生理心理刺激两类。

（1）外在环境刺激

外在环境刺激包括自然环境刺激和社会环境刺激。自然环境是指环绕人们周围的各种自然因素的总和，如大气、水、植物、动物、土壤、岩石等。面对自然环境时，人们也会产生相应的情绪。比如，面对优美的景色时，往往会令人心旷神怡，心情自然也是舒畅的；而面对恶劣的自然环境时，如沙尘暴，情绪也会变得低沉。社会环境有广义和狭义之分，广义的社会环境包括社会政治环境、经济环境、文化环境和心理环境等大的范畴，狭义的社会环境指组织生存和发展的具体环境，具体而言就是组织与各种公众的关系网络。此处所指的社会环境是广义上的社会环境。作为社会中的成员，不可避免地会受到社会环境的影响，也自然会在一些客观的刺激下产生相应的情绪。

（2）内在环境刺激

内在环境刺激包括个体的生理性刺激和心理性刺激。生理性刺激是指由个体生理变化引起的刺激，并诱发相应的情绪。比如，内分泌失调、身体不适等都会引起情绪的产生和变化。心理性刺激是指由想象、记忆、联想等心理活动引起的刺激，并诱发相应的情绪。比如，当一个人回忆其某段往事的时候，可能会产生快乐或痛苦的情绪。

2. 人的需求是情绪产生的内部原因

情绪是人对客观事物是否符合或满足自己的需要而产生的一种态度体验。该定义从某种层面上揭示了情绪产生的内部原因，即需求。当个体的需求得到满足时，通常会产生正面的情绪，如愉悦、满意等；当个体的需求得不到满足时，通常会产生负面的情绪，如忧虑、愤怒、厌恶等。对于不同的人而言，由于需求不同，所以产生的情绪也是多样的；即便对于同一个人来说，在不同的情况下，同一需求的满足产生的情绪可能也存在差异，这是造成人类情绪复杂性和多样性的一个重要原因。

3. 人的认知是影响情绪产生的要素

人的认知从某种程度上可以看作是人的一种主观因素，该因素与外部的客观刺激（客观因素）共同影响着情绪的产生。在客观刺激下（客观因素相同），由于不同的主体有不同的认知（主观因素不同），所以产生的情绪也会存在差别。例如，当患上了某种疾病时，有些人会抑郁焦虑，但有些人却能够很快从焦虑中走出来，并以一种积极的情绪去治疗疾病。因此，人的认知也是情绪产生的一个要素，并且由于人的认知是在不断变化的，所以情绪也会随之变化。

（三）情绪的分类

人的情绪是复杂的，从不同的角度可以将情绪分成不同的类型（如图4-1所示）。

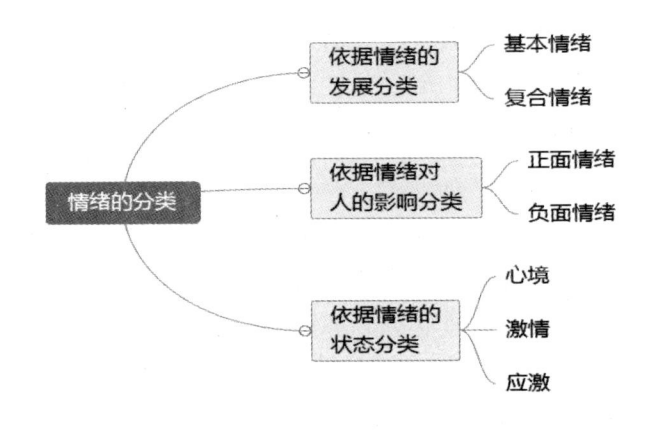

图4-1 情绪的分类

1. 依据情绪的发展分类

依据情绪的发展情况分类，可将人的情绪分为基本情绪和复合情绪两类。

（1）基本情绪

基本情绪是与人的生理需要有着紧密联系的内心体验，是人与生俱来的，也称为原始情绪。一般认为基本情绪有六种：快乐、悲伤、愤怒、恐惧、厌恶、惊讶。

（2）复合情绪

复合情绪是由基本情绪派生而来的，也可以由几种情绪复合而成，如忧郁是由轻蔑、厌恶、羞耻等成分复合而成的，焦虑是由痛苦、恐惧、愤怒等情绪复合而来的。

2. 依据情绪对人的影响分类

依据情绪对人产生的影响分类，可将人的情绪分为正面情绪和负面情绪。

（1）正面情绪

正面情绪通常指愉悦、高兴、欢乐等积极的情绪，正面情绪有助于增加人的幸福感，提高学习或工作的效率，也能够促进潜能的开发。

（2）负面情绪

负面情绪通常指焦虑、恐惧、愤怒等消极的情绪，负面情绪会降低人的幸福感，降低学习或工作的效率，甚至会抑制人的潜能。

如果进一步对正面情绪和负面情绪做比较，可以从进化意义、适用情境、思维影响、行为倾向和生理反应等方面着手，详细内容如表4-1所示。

表4-1 正面情绪和负面情绪的比较

项目	正面情绪	负面情绪
进化意义	生活：拓展和构建	生存：攻击和逃跑
适用情境	无威胁的情境	有威胁的情境
思维影响	思维相对开放	思维在一定程度上被窄化
行为倾向	间接、缓和，且采取非特定的行为	直接、立即，且采取特定的行为
生理反应	身体放松、心跳缓和、血压平稳	心跳加快、肌肉收紧

关于正面情绪和负面情绪，我们通常认为正面情绪是良好的，负面情绪是消极的，所以常常会将负面情绪压抑下去。但在日常生活中，不可避免地会产生负面情绪，我们需要做的不是压抑它，而是要学会释放或调控它。而且，根据马歇尔·洛萨达的洛萨达比例可知，正面情绪和负面情绪都是生活中必不可少的，适量的负面情绪对于个体的整体成长而言反而能够起到积极的作用，所以每个人都需要学会正确地看待情绪，并学会调控情绪。

3. 依据情绪的状态分类

依据情绪的状态（包括情绪的强度、速度、紧张度和持续度），可将情绪分为心境、激情和应激三类。

（1）心境

心境也称为心情,这是一种比较轻微但相对持久的情绪状态。当某个人处在某种心境时,对待周围事物的看法也会受到影响。比如,当一个人的心境良好时,他会觉得身边的事物都变得美好;而当一个人的心境不好时,周边的事物也似乎被蒙上了一层阴影。

（2）激情

激情是一种迅猛而短暂的情绪状态。比如,人在极度愤怒时,会表现得暴跳如雷。激情通常是在强烈的刺激下产生的,其特点是迅猛爆发,但持续时间较短。激情有积极和消极之分,虽然相比较而言,积极状态要好于消极的状态,但过度的激情都是不利于个体成长的,因此,要学会调控自己,避免激情出现过度的情况。

（3）应激

应激是指在意外的紧急情况下所产生的适应性的反应。比如,当人在面对危险时,身体会处于高度紧张的状态,并随之产生一系列的生理反应。应激能够使人处于高度警觉的状态,但如果应激状态维持过久,会大量消耗人的体力和心理能力。应激通常和个人的综合素质有关,也与平时的训练有关。

二、大学生情绪的特点与负面情绪产生的原因

（一）大学生情绪的特点

在对情绪有了初步的认知之后,我们继续针对大学生的情绪做进一步的分析。大学生虽然身心发展已经相对成熟,但情绪变化仍旧比较丰富,具体而言,大学生情绪的特点主要表现为如下几点（如图 4-2 所示）。

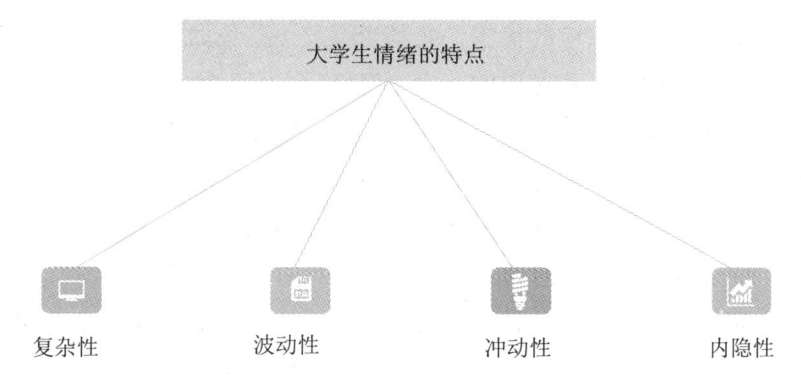

图 4-2　大学生情绪的特点

复杂性　波动性　冲动性　内隐性

1. 复杂性

大学生的情绪相对比较复杂，这与大学生的年龄阶段有关，也与大学生所处的环境有关。对于大学阶段的学生而言，面临着很多重大的选择，比如就业选择、升学选择，这些选择常常会转化成压力，从而影响学生的情绪，使学生情绪变化得更加复杂。另外，相较于中小学来说，大学的环境更加开放，大学生交际的范围在不断扩大，与老师、同学的关系也变得更加负责，甚至会开始体验一种新的情感——爱情，这些环境变化都会影响学生的情绪，使学生的情绪变得更加复杂。

2. 波动性

相较于中小学阶段的学生来说，大学生虽然已经具备了一定的情绪调控能力，但由于还没有走出校园，对很多事物的认知还不成熟，性格也不够稳定，所以其情绪一般还呈现出波动性的特点，即很容易受某件事的影响，并表现出正面或负面的情绪。比如，有时只是因为他人一句善意的话语，便可以非常开心；同样，有时可能只是因为他人一句无心的批评，便会闷闷不乐。这种情绪的波动在大学生身上非常普遍，甚至有些学生会呈现出两极化的倾向，即情绪非常容易从一个极端走向另一个极端。这种情绪的波动不利于学生的成长，也不利于学生构建正确的幸福观，所以指导学生调控行为就显得非常有必要。

3. 冲动性

大学生情绪的冲动性是指大学生的情绪容易被激发，一旦出现某些强烈的刺激，便会爆发出相应的情绪，尤其当爆发一些负面情绪时，有些学生甚至会失去理智，做出一些过激的行为，但事后却又后悔不已。大学生的情绪之所以具有冲动性，主要有两个原因：一是大学生对外界事物比较敏感，这种敏感性使得大学生好似炸药一般，一点就炸，即表现为情绪的冲动性；二是大学生还没有真正走入社会，接触的事物相对较少，对很多事物的认知还不成熟，所以在做某些事时常常不能对其后果有一个全面的考虑，而对后果考虑的片面性容易让学生忽视自己行为的严重性，从而很少去主动控制自己的情绪，进而表现为冲动性的特点。情绪冲动的后果便是容易做出过激的行为，这对大学生的成长是无益的，甚至会影响到他人，所以指导学生调控冲动的情绪也是至关重要的。

4. 内隐性

大学生的情绪在具有冲动性的同时，还具有内隐性的特点。从表面上来看，上述特点存在冲突，但其实上述情绪真实地存在于大学生这一群体之中。之所以说上述特点存在冲突，是因为冲动性使得大学生的情绪能够直观地呈现出来，而内隐性则是指大学生会将自己的情绪伪装起来，不轻易地表现自己的情绪。这种情绪的内隐性从中学阶段，甚至从小学阶段便开始出现，而由于情绪长期被压抑，使得学生一旦释放自己的情绪，便会以一种爆发的形式展现出来，从而使大学生的情绪带有了冲动性的特征。其实，无论是情绪外显，还是情绪内隐，都没有绝对的对错，关键在于学生应该学会调控自己的情绪。

（二）大学生负面情绪产生的原因

大学生负面情绪产生的原因有很多，包括主观原因和客观原因两类，主观原因主要指学生自身的一些主观因素，客观原因则指社会、学校、家庭等客观环境中的一些因素。

1. 主观原因

（1）理想与现实的冲突

大学生大多对自己的未来充满了向往，期望值也比较高，但现实却常常不尽如人意，很多学生在经过一段时间的努力后，并没有实现预定的目标，这时就容易产生挫败感，情绪也随之变得低落，有些大学生甚至因此一蹶不振。

第四章　方向指引：大学生幸福观教育的方向把握

（2）不能正确地认识自我

正确认识自我就是指一个人对自我的认识要与自我的实际情况相符合，主要包括两个方面，一是能够正确认识自己的长处和短处，二是能够正确认识自己与他人、与社会的关系。然而，很多大学生并不能正确地认识自我，导致自己的定位不准确，从而出现很多事与愿违的事情，进而导致负面情绪的出现。

（3）人际交往受挫

进入大学后，如何与身边的人建立良好的人际关系是每一个学生都需要面对的问题。大学生渴望得到友情，期望得到他人的理解与认同，但由于人与人之间存在性格、兴趣等诸多方面的差异，所以在交往的过程中难免会出现各种问题，这就容易导致学生产生焦虑、困惑等情绪。除了友谊之外，有些学生还对爱情充满了憧憬，但由于很多大学生对爱情的认知并不全面，所以非常容易产生一些恋爱上的问题，进而导致一些负面情绪的产生。

2. 客观原因

（1）社会因素

大学生虽然还没有离开校园进入社会，但也会受到社会中种种因素的影响。比如，社会生活节奏加快、就业竞争加剧等社会问题，都会对大学生产生一定的影响，尤其对即将毕业的学生，产生的影响更为突出。大学生普遍对未来有着较高的期望，但同时也对未来充满着担忧，而社会问题无疑会增加学生对未来的担忧，进而使大学生产生负面的情绪。

（2）学校因素

学校是对学生开展教育的主要场所，也是学生成长的重要场所，虽然高校教育改革的步伐在不断加快，但有些高校的教育仍旧不够完善，缺乏对学生心理、道德、幸福观等方面的教育，这是导致大学生容易产生负面情绪且不能有效调控的一个重要原因。

（3）家庭因素

家庭对孩子的成长起着至关重要且不可替代的作用，家庭教育的方式、家庭成员间的亲疏关系等都会对学生情绪的养成产生影响。对于家长来说，他们大多都抱着"望子成龙，望女成凤"的态度，所以对待子女大多比较严厉，这在一定程度上加重了学生的负面情绪。

三、大学生负面情绪调控的方法

情绪与幸福感之间有着紧密的联系，正面的情绪有助于提升大学生的幸福感，而负面的情绪无疑会降低学生的幸福感。虽然适当的负面情绪对于学生的成长也能够起到一定的作用，但如果不能有效地调控负面情绪，过多、持久的负面情绪无疑会对大学生造成消极的影响。因此，大学生幸福观教育的一个重心就是要指导学生学会调控不良的情绪。在对大学生情绪进行综合性的分析之后，笔者结合大学生的特点总结了几点适合大学生负面情绪调节的方法，具体内容如下。

（一）注意力转移法

注意力转移法就是将注意力从引起不良情绪的情境转移到其他的情境中。通常情况下，当我们过度关注一件事情的时候，它对我们的影响就越大，所以对于引起不良情绪的情境，最直接的方法就是将注意力转移到其他的情境中，从而降低原来的情境对我们的影响。比如，当在宿舍与室友因为某件事发生争吵时，可暂时离开宿舍，到操场散散步，到图书馆看看书，或者到自习室学习，这些都可以有效转移我们的注意力，待情绪平静下来之后，再回到宿舍，以一种平和的情绪与舍友交谈。

（二）理性情绪疗法

理性情绪疗法是建立在美国心理学家阿尔伯特·艾利斯提出的ABC理论，该理论指出，人某种情绪或行为的产生不是由某一事件直接引起的，而是由于人们对待该事件的评价或开发引起的。其模型如图4-3所示，A代表某个事件，B代表个体对该事件的看法后评价，C代表因事件引起的情绪或行为反应。阿尔伯特·艾利斯认为，A不是直接引起C的原因，在A与C之间，还存在中介B，其过程应该是A到B，再由B到C。

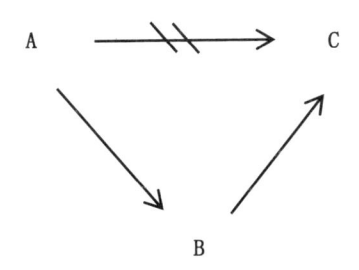

图 4-3　阿尔伯特·艾利斯 ABC 理论的模型（自制）

例如，当一个大学生失恋（A）后，会变得抑郁消沉（C），不可否认，失恋会导致负面情绪的产生，但其实在这中间有个作用因素，即大学生对失恋的看法（B），如果大学生能够正确地看待失恋这个事件，便不会产生 C 这一结果。因此，阿尔伯特·艾利斯认为，改变错误的认知是消除负面情绪的一个有效方法。

关于阿尔伯特·艾利斯的 ABC 伦理存在太多理性的内容，但情绪的产生有时并不受理性的控制，所以 A 同样会引起 C。当然，通过理性的认知，确实可以帮助学生更好地消除负面情绪，基于此，我们对阿尔伯特·艾利斯的 ABC 伦理进行了优化，优化后的模型如图 4-4 所示（AB 之间虚线表示 A 同样会引起 C，但由于存在 B，所以 A 与 C 之间的关系会弱化）。优化后的理论仍旧以阿尔伯特·艾利斯提出的"消除错误认知"为核心，即指导学生理性、客观地去看待引起负面情绪的事件，从而使学生能够更快地从负面情绪的困扰中解脱出来。

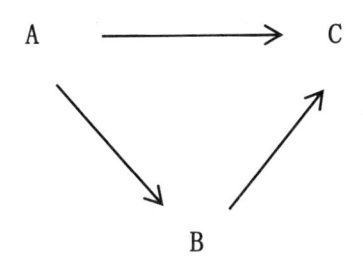

图 4-4　优化后的阿尔伯特·艾利斯 ABC 理论模型

(三)合理宣泄法

面对负面情绪,虽然我们可以凭借自己的理智暂时将其压制,但压制并不代表着排出,而且一味地压制负面情绪反而容易诱发更强烈的负面情绪。正所谓"堵不如疏",所以大学生应学会合理地宣泄自己的负面情绪。负面情绪宣泄的方法有如下几种。

1. 哭泣

哭泣是人与生俱来的一种能力,也是宣泄情绪最直接的一个渠道。在被负面情绪围绕时,无论男生、女生,不妨大哭一场,将不良的情绪释放出来,将心灵中的"垃圾"通过眼泪排放出来,以此来缓解自己的负面情绪。

2. 倾诉

倾诉是负面情绪宣泄中最有效的一个渠道,因为倾诉不仅仅可以将自己心中的苦闷倾倒出去,还可以得到他人的理解,并从他人那里得到建议,进而指导自己更好地摆脱负面情绪。倾诉的对象应该是自己知心的朋友或者信任的老师,而且在倾诉时不能一味地抱怨,而是要学会在倾诉的同时与倾诉对象进行沟通,这样的倾诉才是正确的。

3. 运动

运动也是宣泄负面情绪的一个有效渠道,尤其在无人倾诉或不宜大哭的情况下,不妨用一场剧烈的运动去释放自己压抑的情绪。在运动时,要结合自己的体质情况,不能强度过大,否则容易对身体造成损伤。

4. 情绪升华

情绪升华也是一种情绪宣泄的方式,与上述方式不同,该方式是化负面情绪为动力,将负面的情绪转化为对自己、对他人、对社会有利的方向上去。比如,在当某个大学生失恋之后,可以将失恋的痛苦转移到学习中,用学习的方式去宣泄郁闷的情绪。

(四)心理暗示法

心理暗示是心理学中的一种方法,指在无对抗的条件下,通过语言、行动、表情或某种特殊符号,对他人的心理和行为产生影响,使他人接受暗示者的某一观点、意见，或者按照被暗示的方式活动的一种过程。[1]心理暗示可以施加在自己身上，属于自我暗示，即对自己的心理施加某种影响，从而对情绪或行为发生作用。在大学生负面情绪调节的方法中，心理暗示法也是一种比较有效的方式，即在面对负面情绪时，大学生可以不断地进行自我暗示，从而缓解负面情绪。例如，当我们陷入忧愁的情绪中，可以反复用语言暗示自己：忧愁无济于事，只有振作起来面对现实，才能够解决问题。因此，在我们产生负面情绪时，不妨积极暗示自己，激励自己，使自己更快地从负面情绪中解脱出来。

（五）放松训练法

放松训练是指使身体从紧张状态松弛下来的一种练习。在我们感到焦虑烦躁、情绪紧张时，不妨进行适当的自我放松，从而排解负面的情绪。放松训练法主要有如下几种。

1. 想象放松法

在想象之前，通常需要先选择一个安静的环境，然后紧闭双眼，全身放松，开始进行想象（想象美好的事物或场景），反复练习，可以有效缓解负面的情绪。

2. 音乐放松法

音乐作为一种艺术形式，其优美的旋律和节奏能够对人的心理产生非常积极的影响。因此，在被负面情绪包围时，不妨听几首音乐来使自己放松下来。不同类型的音乐所发挥的作用也不同，如在情绪高涨时（愤怒、紧张），可听一些舒缓的音乐，在情绪低沉时，可听一些欢乐、悠扬的音乐。

3. 肌肉放松法

在产生负面情绪时，也常常会伴随一些生理上的反应，如肌肉紧绷，此时可采取肌肉放松的方式，如轻轻拍打肌肉、小幅度地运动，使肌肉得到放松，进而由生理上的放松促进心理上的放松。

总之，情绪在很大程度上影响着大学生的幸福感知和幸福获得，进而影响大学生科学幸福观的形成。因此，针对大学生的幸福观教育，不能忽视学

---

[1] 刘鹏. 不可不知的73条心理定律 [M]. 北京：台海出版社，2019：73.

生情绪的重要作用，教师应了解大学生的情绪，并引导大学生学会调控不良的情绪，从而在良好的情绪中感知幸福、获得幸福，并形成科学的幸福观。

四、科学幸福观的构建有助于大学生情绪的稳定

情绪是一种复杂的心理反应，在引导大学生调控负面情绪，以促进大学生构建科学幸福观的同时，针对大学生开展的幸福观教育本身也有助于大学生情绪的稳定。

（一）科学幸福观对情绪产生的三个因素具有积极的影响作用

根据上文对情绪的分析可知，情绪产生的三个因素有客观刺激、人的需求和人的认知。对于上述三个因素而言，科学幸福观的形成都具有积极的影响作用。

首先，就客观刺激而言，客观刺激分外在环境刺激和内在环境刺激，其中，外在环境刺激是由外部环境决定的，这一点个体很难改变，但刺激后产生的情绪却可以因为个体心境的改变而改变。不难想象，当大学生形成了科学的幸福观后，对外界环境的感知自然会发生改变，这种改变有助于大学生在面对外在环境刺激时，能够以一种相对积极和乐观的态度去面对，从而减弱情绪的波动。而对于内在环境的刺激来说，个体其实有时也很难控制想象、记忆、联想等心理活动，但同外在环境刺激一样，大学生科学幸福观的形成有助于大学生在面对内在环境刺激时，能够以一种相对积极和乐观的态度去面对，从而减弱情绪的波动。

其次，就人的需求而言，通常情况下，当个体的需求得到满足时，通常会产生正面的情绪，如愉悦、满意等；当个体的需求得不到满足时，通常会产生负面的情绪，如忧虑、愤怒、厌恶等。需求的产生无疑是复杂的，但科学幸福观的形成有助于大学生产生理性、正确的需求，这样，大学生所产生的需求就会控制在正常的需求范围内，其情绪的波动也会因此而减弱。

最后，就人的认知来看，幸福观具有一定的主观性，所以幸福观无疑会对人的认知产生影响，即科学幸福观会对大学生的认知产生积极的影响，而病态幸福观则对大学生的认知产生消极的影响。当大学生的认知处在一种消极的状态，情绪自然容易受到影响，也容易出现波动；反之，当大学生的认

知处在一种积极的状态时,其心境也会随之放松,情绪也会更加稳定。

总之,就个体情绪产生这一根本性因素进行分析,科学幸福观对大学生情绪产生的影响是积极的,进而有助于大学生情绪的稳定。

(二)科学幸福观对负面情绪的产生具有抑制作用

大学生负面情绪产生的原因,包括主观原因和客观原因。关于客观原因,由于社会因素、学校因素以及家庭因素是大学生很难改变的,所以科学幸福观在客观层面的抑制作用不明显,但在主观原因上(理想与现实的冲突、不能正确认识自我、人际交往受挫),科学幸福观却能够产生积极的影响,进而起到抑制大学生负面情绪的作用。

首先,关于理想与现实的冲突,理想作为个体对未来有可能实现的奋斗目标的向往和追求,大学生的理想通常比较崇高,这符合传统文化幸福观强调的"志存高远",当然,"志存高远"和"好高骛远"之间是存在区别的,大学生在树立理想时,要切忌好高骛远。显然,科学幸福观的构建有助于大学生正确认识自我,进而使大学生能够树立合理的理想。此外,理想的树立也仅仅是开端,关键还在于后面的努力,这样才可能实现理想。然而,很多大学生虽然有着崇高的理想,但在实际的学习和生活中,却不能为了理想的实现去奋斗,这就容易导致大学生产生挫败感,进而产生负面的情绪。而科学幸福观指出了奋斗的重要性,这能够驱使大学生为了理想的实现去不断奋斗,从而减弱甚至消除理想和现实的冲突,进而使大学生在理想的实现中收获幸福,并避免负面情绪的产生。

其次,针对大学生自我认知的两个方面(认识自己的长处和短处,认识自己与他人、与社会的关系),科学幸福观的形成对于第二个方面的认知具有非常积极的作用。无论是在传统文化幸福观,还是在马克思主义幸福观,或是在中国特色社会主义幸福观中,都针对自己与他人、与社会的关系进行了阐述,即个人幸福与他人幸福和社会幸福是辩证统一的关系,这有助于大学生正确地看待自己与他人和社会的关系,并正确地给自己定位,进而最大限度地减低负面情绪的产生。

最后,大学生人际交往的受挫也会引起不良情绪,而人际交往受挫主要体现在朋友间的矛盾冲突上。科学幸福观对于指导大学生处理朋友间的矛盾冲突和恋爱问题能够起到非常积极的作用。对于大学生来说，由于正处在年轻气盛的阶段，在面对朋友间的矛盾时，往往会采取对抗的态度，这容易导致矛盾激化，进而使大学生的不良情绪进一步扩大。而科学幸福观则有助于引导大学生正确看待自己和朋友的关系以及二者所产生的矛盾，这能够驱使大学生采取缓和的态度去处理和朋友间发生的矛盾，从而使矛盾更快地得到解决，进而使因为矛盾产生的不良情绪更快被减弱。

第二节　大学生人格养成与幸福

"人格"这个词我们同样不陌生，但相较于情绪而言，很多人对人格的认识却是模糊的，虽然知道人格的重要性，但却很难说清人格究竟是什么。人格作为个体的一种心理特征，与科学幸福观的形成具有非常紧密的关系，它是科学幸福观形成的一个重要基础，因此，大学生的人格养成也是幸福观教育中的一项重要内容。与此同时，科学幸福观的形成也有助于促进大学生健全人格的形成，二者可谓是相辅相成。

一、认识人格

（一）人格的定义[①]

从词源上讲，"人格"一词的英文为 personality，来源于古希腊语 persona。Persona 最初指演员戴的面具，而后指演员本人，一个具有特殊性质的人。现代心理学沿用其含义，将其转译为人格。关于人格的定义，我国的《中国大百科全书·心理学卷》将人格定义为"个体内在的在行为上的倾向性，它表现一个人在不断变化中的全体和综合，是具有动力一致性和连续性的持久自我，是个人在社会化过程中给人以特色的身心组织"。有些学者

[①] 中国大百科全书总编辑委员会编. 中国大百科全书 心理学[M]. 北京：中国大百科全书出版社, 2002: 270.

认为，人格是指个体在生物基础上受社会生活条件制约而形成的独特而稳定的具有调控能力、倾向性、动力性的各种心理特征的综合系统。[①] 在《大学生心理健康教育教程》教材中提到人格是指一个整体的精神面貌，是具有稳定倾向性的和比较稳定的心理特征的总和，是个体在遗传素质的基础上，通过与后天环境的相互作用而形成的相对稳定的和独特的心理行为模式。人格主要是指人所具有的与他人相区别的独特而稳定的思维方式和行为风格。人格是构成一个人的思想、情感及行为的特有的统合模式，这个模式包含了一个人区别于他人的稳定而统一的思想品质。[②] 虽然关于人格的定义，在不同的著作中有不同的解读，但综合分析这些解读，不难从中发现一些共同点，人格是个体一种比较稳定的心理特征，这种特征在行为上也会有所表现，并使个体的行为也呈现出一定的倾向性。

（二）人格的构成

人格包括人格心理特征和人格倾向性。人格心理特征是人的特征系统，人格倾向性是人的动力系统。

1. 人格心理特征

人格心理特征是指个体表现出来的稳定的、本质的心理特点，包括能力、气质和性格。

（1）能力

能力是指个体完成某件事所必须具备的心理条件，分为一般能力和特殊能力。一般能力是基础性的能力，包括注意力、想象力、观察力等；特殊能力是从事某项特殊职业多具有的能力，如从事音乐行业，需要具备音乐能力。能力受先天因素的影响，同时也受后天因素的影响，而在后天因素中，自身的努力是关键性因素。

[①] 杨丽珠，马振，胡金生.6—12岁小学生健全人格培养研究[M].大连：大连海事大学出版社，2017：3.
[②] 刘欣，耿德勤，徐海波.大学生心理健康教育教程[M].南京：东南大学出版社，2012：37.

（2）气质

气质是心理活动表现在强度、速度、稳定性和灵活性等方面的动力性质的心理特征。气质受先天因素的影响，也受后天因素的影响。不同的人通常表现出不同的气质，而且气质并不是靠语言表达出来的，而是在一个人的综合行为中表现出来的。

（3）性格

性格是一个人在现实的、稳定的态度和习惯化的行为方式中表现出来的人格特征。性格是人格的社会属性，不同的人有不同的性格，而性格上的差异是人格心理特征上最主要的差异。

2. 人格倾向性

人格倾向是指影响或决定人的行为的某些心理现象，包括动机、需要、兴趣、信念和价值观。

（1）动机

动机是指由某个事物引起和维持某种行为的一种内在的心理过程或内部动力。由此可见，动机是一种心理活动的过程，而不是心理活动的结果。动机的产生通常需要有目标或某个事物，这样才能引导个体产生行为，并为个体的行为提供动力。

（2）需要

需要是个体内部的一种不平衡状态，即个体内部对外部有需求，这种需求是促使个体产生行为的一个根本动力。其实，任何生物都有需求，只是相较于其他生物而言，人的某些需求超越了自然属性。

（3）兴趣

兴趣表现为个体对某个事物或某项活动的心理倾向，它是促使个体探寻外界的一个动力，即在兴趣的支撑下，个体可以更加积极地去认识和探寻自己感兴趣的事物。

（4）信念

信念指个体在认知基础上确立的一种对某种思想坚定不移并身体力行的态度。信念可以促使个体产生意志行为，没有信念，便很难产生意志行为，也容易在某些活动中产生行为上的犹豫不决。

（5）价值观

价值观是人认识事物、辨别是非的一种思维或取向，所以在价值观的作用下，会使人的行为带有一定的倾向性。由此可见，有怎样的价值观，就会产生怎样的行为，因此，建立正确的价值观非常重要。

（三）人格的特征

1. 整体性

人格的整体性体现在人格各结构间并不是相互割裂的，而是相互影响、相互联系的，他们共同构成了一个协调统一的整体。任何一个部分出现问题，或者各结构之间出现失调的情况，势必会影响人格的完整性，进而导致一系列问题的出现。

2. 稳定性

人格的稳定性表现在人格结构不易改变。当然，人格并不是一成不变的，其稳定性只是相对而言，受社会环境、突发事件等因素的影响，个体的人格也可能会发生改变。另外，个体偶尔会表现出一些与平时人格不同的特征，这种偶然表现出的人格具有偶然性，不能称为人格。

3. 独特性

人格的独特性体现在不同个体之间人格的差异性上。俗话说，世界上没有两片相同的叶子，同样，世界上也没有两个完全相同的人，而不同的人之间在人格上必然存在差异，这就使得每一个人的人格都是独一无二的。

4. 可塑性

人格的可塑性主要体现在两个方面：①在成年之前，个体的人格是可塑的，尤其在儿童期，人格的可塑性较大，而成年之后人格则比较稳定；②虽然成年之后人格比较稳定，但并不是不能改变，仍然具有一定的可塑性，只是塑造的难度相对较大。

5. 生物与社会统一性

人格具有一定的先天性，这是人的自然生物属性决定的，也在一定程度上影响着个体人格的发展。当然，生物因素只是影响个体人格的一个因素，后天一系列的社会因素同样会影响个体人格的发展。因此，个体最终形成的相对稳定的人格是在先天遗传的基础上，通过后天社会种种因素的影响，逐渐形成和发展起来的。

二、大学生健全人格的培养

基于对大学生人格问题的分析以及健全人格在大学生幸福观教育中的重要作用，如何培养大学生健全的人格就成为值得我们思考的一个问题。大学生健全人格的培养应从多个方面着手，多途共进，从而促进大学生健全人格的形成，如图 4-5 所示。

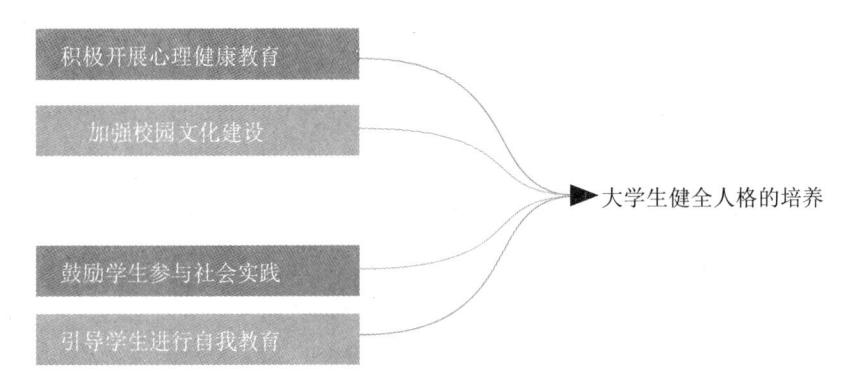

图 4-5 大学生健全人格培养的具体路径

（一）积极开展心理健康教育

对大学生适当普及一些心理健康知识，不仅有助于解决大学生的心理问题，而且也有助于消除大学生的不良人格因素。因此，有必要针对大学生开展心理健康教育。具体来说，可以通过以下两种途径展开。

1. 开设心理健康课程

心理健康课程是对学生进行心理健康引导的一个重要途径，目前在高校中已经成为比较热门的选修课之一。心理健康课程以心理学知识为基础，辅以相应的心理教育方法，旨在培养学生良好的心理素养，促进学生身心的健康发展。与此同时，心理健康课程还立足于学生的长远发展，并通过开展一些活动，促使学生在活动中感悟、体验，认识自己，并挖掘内心积极的一面，进而提升学生的幸福指数。

2. 提供心理健康咨询服务

对于一些存在人格障碍的大学生，仅仅通过心理健康课程也许不能取得很好的效果，此时便需要对他们开展针对性的心理健康咨询，了解他们心理上存在的问题，并深入剖析导致问题的原因，从而促进大学生健全人格的形成。因此，高校可以定期组织一些免费的心理健康咨询的活动，或者成立专门的心理健康咨询部门，为大学生提供免费的心理健康咨询服务，以便及时解决大学生存在的心理问题，进而为大学生健全人格的形成奠定坚实的心理基础。

（二）加强校园文化建设

校园文化是学校师生在长期的教育实践过程中所创造的，具有校园特色的文化活动、规章制度和文化环境，以及反映师生共同信念和追求的校园精神的总和。[①] 校园文化作为一种存在于校园中的特殊文化，对学校中的师生都会产生一定的影响，其中便包括对大学生人格的影响。校园文化主要包括物质文化、精神文化和制度文化，所以高校校园文化的建设也主要从这三个方面着手。

1. 校园物质文化建设

物质文化建设是校园文化建设的一个基础，能够为大学生健全人格的形成提供良好的物质环境保障。校园物质文化是能够被大学生直观感受到的，对大学生的影响也是直接的，这也反映了校园物质文化建设的必要性。校园物质文化涵盖的范围非常广泛，包括学校建筑、基础硬件设施、绿化设施等所有具体化的物质内容，所以在具体的建设中，高校应注重物质文化建设的系统性，即通过各物质内容间的联系提升其对大学生的影响，从而起到 $1+1+\cdots+1 > n$ 的效果。

2. 校园精神文化建设

校园精神文化是校园文化的灵魂，与物质文化相比，校园精神文化虽然不是能够直接被大学生感受到的，但它对大学生的影响却更加深远。校园精

---

① 陈凌云. 大学生思想政治教育与校园文化研究 [M]. 天津：天津科学技术出版社，2018：84.

神文化建设包括校风（校园整体层面）、学风（学习学层面）、教风（教师教学层面）的建设，它能够凝聚校园中所有师生的责任感，同时也能够潜移默化地促进大学生健全人格的形成。其实，教师和学生既是校园精神文化的受益者，同时也是校园精神文化的建设者，作为校园中的一分子，应该积极参与到校园精神文化的建设中，从而促进学校和个人的共同发展。

3. 校园制度文化建设

制度在高校校园文化的建设中发挥着保障的作用。正所谓"不以规矩，不能成方圆"，如果不制订相应的校园制度，那么任何措施的落实都可能会受到影响。因此，就高校校园文化建设来说，高校必须要通过制订完善的规章制度，去将高校的物质文化建设、精神文化建设等融为一体，并脚踏实地地去落实，从而保障高校校园文化的建设。

（三）鼓励学生参与社会实践

一个人健全人格的形成不仅需要理论层面的指导，还需要配以相应的社会实践。通过社会实践，大学生不仅可以更加深入地了解社会，更可以在与社会的接触中进一步地了解自己，进而在不断的自我认知中实现健全人格的塑造。因此，高校应鼓励学生积极参与社会实践，或者为学生提供社会实践的机会。比如，高校可以定期组织学生参与一些带有服务性质的社会活动，如志愿服务、环保宣传等，在这些社会活动中，学生可以丰富自己的经历，体验不同的社会角色生活，这有助于提升学生的社会责任感。再如，高校还可以组织学生开展生活调查活动，如结合社会热点，让学生利用闲暇的时间到社会上进行调查，并结合调查的结果进行分析和总结。在社会调查的过程中，不仅可以锻炼学生处理问题的能力，还可以让学生在与他人的接触中更好地反思自己。其实，就指向性而言，社会实践并不是针对性地指向大学生健全人格的形成，而是指向其综合素养的提升，但这可以为大学生健全人格的形成奠定坚实的基础。

（四）引导学生进行自我教育

如果说上述三个方面都是从外在方面做出的努力，那么大学生的自我教育则是从内部方面做出的努力。就大学生健全人格的形成而言，除了外在的引导之外，还需要学生具备较强的自我意识，能够自我监督、自我教育，从而促使自己形成健全的人格。所谓自我教育，是指发挥受教育者的主体作用，调动其接受教育能动性的心理教育形式。[①] 简单来说，自我教育就是自己教育自己。自我教育是"他教"向"自教"的转化，是大学生自我意识的一种体现，也是大学生发挥其主体作用的一种体现。在大学生的自我教育中，笔者认为大学生首先要客观地认识自我，全面地了解自我，这是开展自我教育的一个关键，因为只有了解自己，才能不断地去挖掘自身的潜能，也才能针对问题去进行自我改正，从而在认识自我中超越自我。其次，要树立正确的观念，包括世界观、人生观、价值观和幸福观，正确的观念是引导大学生健全人格形成的关键，因为一旦观念出现偏差，大学生对外界事物的认知也会随之出现偏差，那么其人格发展也可能会出现缺陷。因此，大学生应时刻反思自己的观念，确保自身观念的正确，从而为健全人格的形成提供内在的助力。

总之，人格作为影响大学生幸福认知、幸福获得以及科学幸福观构建的一个重要因素，在大学生幸福观教育中是不能忽视的一个方向。因此，在大学生幸福观教育中，教师应对大学生的人格有所认知，并学会指导大学生养成健全的人格，从而支撑大学生科学幸福观的构建。

三、科学幸福观促进大学生健全人格的形成

人格作为个体具有一定倾向性的和比较稳定的心理特征的总和，与个体幸福感之间有着紧密的联系，所以在大学生幸福观教育中，教师必须重视大学生健全人格的培养。当然，科学的幸福观同时也有助于促进大学生健全人格的形成，具体而言，体现在科学幸福观对大学生健全人格形成的积极影响上以及对大学生人格问题的抑制作用上。

（一）科学幸福观对大学生健全人格的形成具有积极的影响作用

关于人格和幸福观的关系，可以参考 Schimmack 等人提出了一个整合人格和幸福观的模型——"调节-缓和"模型，我们对该模型进行了适当的调整，

---

① 江作舟，刘平，彭云. 心理健康教育讲课指南 [M]. 北京：蓝天出版社.2011：100.

形成了一个新的模型——"幸福－认知－人格"模型（如图4-6所示）。由该模型可知，幸福观可以对大学生的认知产生影响，这种影响会进一步延伸到情感层面，并作用于人格中的两个要素——外倾和神经质。当幸福观是科学的、健康的，其影响是积极的，最终会促进大学生健全人格的形成（如图中的"+"所示）；当幸福观是不科学的、病态的，其影响则是消极的，最终非但无助于大学生健全人格的形成（如图中的"-"所示），还可能会导致大学生形成一系列的人格问题，进而影响大学生的成长和发展。

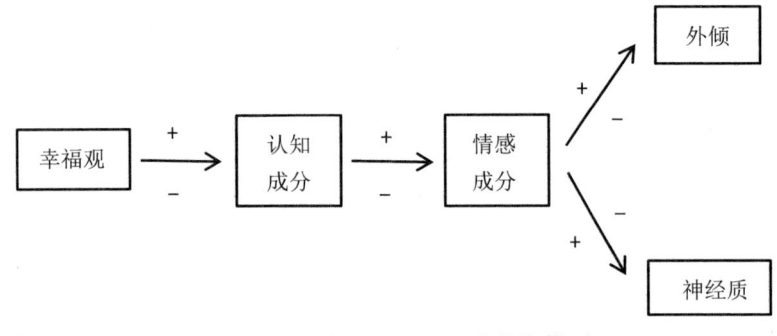

图4-6 "幸福－认知－人格"模型

（二）科学幸福观对大学生人格问题的产生具有抑制作用

大学生的人格问题大致可归纳为两类：人格障碍和人格缺陷。科学幸福观对大学生人格问题产生的抑制作用也可从这两个方面着手分析。

1. 科学幸福观对大学生人格障碍的产生具有抑制作用

人格障碍属于比较严重的人格问题，包括偏执性人格障碍、冲动性人格障碍、表演性人格障碍、焦虑性人格障碍、强迫性人格障碍、依赖性人格障碍、边缘性人格障碍、反社会性人格障碍等。在大学生群体中，人格障碍虽然并不常见，但对大学生的危害非常大，所以引导大学生形成健全的人格，避免人格障碍的产生至关重要。显然，针对大学生开展的幸福观教育有助于大学生形成科学的幸福观，而科学的幸福观可以使大学生正确看待一些可能导致人格障碍的问题，从而使大学生人格障碍的形成被消灭在问题阶段。以表演型人格障碍为例，具有表演型人格障碍的人通常非常希望得到他人的肯定和赞赏，之所以会这样，一个重要的原因是他们过于重视"外我"，过于重视他人对自己的看法，并通过他人的赞赏去肯定自我。显然，这种认知是错误的。而科学幸福观有助于大学生改变这种认知，能够引导大学生从"外我"的关注向"内我"转移，并通过自己的努力去实现自己的价值，进而在自我价值的实现中去肯定自我，而不是依靠他人的肯定。这样，诱发表演型人格障碍的一些问题便可以被消灭在萌芽阶段，大学生的人格自然可以实现更加健全的发展。

2. 科学幸福观对大学生人格缺陷的产生具有抑制作用

相较于人格障碍而言，人格缺陷在程度上较轻，而且在正常人身上也有体现。大学生常见的人格缺陷有自卑、焦虑、怯弱、懒惰、狭隘、拖延、虚荣、自我中心等。在大学生群体中，人格缺陷较为常见，不过大多数大学生在程度上表现较轻，所以很多教育工作者并不是非常重视。其实，从某种意义上来说，人格缺陷可以看作是一种人格的亚健康状态，虽然其对他人的危害较小，但同样会影响大学生的发展。因此，针对大学生的人格缺陷进行引导也非常有必要。而在大学生缺陷人格的引导上，科学幸福观发挥着非常积极的作用，它可以引导大学生更加正确地看待自卑、焦虑、怯弱、懒惰、狭隘等人格上的缺陷，并且在大学生产生这些人格缺陷时，可以引导大学生更快地将这些人格上的缺陷的程度降低。其实，人格缺陷很难被彻底消除，有时也很难控制其产生，但科学的幸福观可以最大限度地降低人格缺陷程度，从而最大限度地保障大学生健全人格的形成。

第三节 大学生人际交往与幸福

社会性是人的一个基本属性，作为生活在社会中的一个个体，必然会与他人产生交集，所以如何与他人交往是每个人都需要面对的问题。对于大学生来说，人际交往同样是他们需要面对的一个问题，这是影响他们获得幸福的一个重要因素，也是影响他们构建正确幸福观的一个重要因素。因此，针对大学生的人际交往进行分析，并引导大学生构建良好的人际关系，也是大学生幸福观教育中的一个重要方向。当然，科学幸福观的形成也有助于大学生更好地与他人建立良好的人际关系，二者同样也是一种相辅相成的关系。

一、认识人际交往

（一）人际交往的含义与类型

1. 人际交往的含义

人是社会关系的总和，人不可能是孤立存在的，只要生活在社会大环境中，人必然是处在各种社会交往中。关于人际交往的概念，很多学者都结合自身的认识对其做了解读。

《大学生入学教育读本》一书中指出人际交往是指在某一段时间里个体的人通过一定的方法和手段（例如，语言、文字、肢体动作、面部表情等）传递一定的信息给其他个体，与对方进行信息交流的过程。[1]在《护理人际沟通与礼仪》一书中指出，人际交往是指在社会活动中，人们运用语言符号系统或非语言符号系统相互交流和沟通的过程；交往的内容既包括客观的物质、能量和信息，又包括主观的思想、情感和态度，目的是达成沟通、理解、协调和建立融洽的人际关系。[2]在《公共关系学》中人际交往就是指人们共同活动中相互交流不同的思想、观念、感情和志向等，简单地说，就是交流信息。就人际交往的实质讲，它是社会上人与人、群体与群体之间通过各种媒介传播而进行的相互依赖行为的过程。[3]

虽然上述学者针对人际交往的界定有所差异，但综合上述学者的论述，可以对人际交往的含义做一个概括。

①人际交往的内容不仅包含客观的物质，还包括主观的思想、情感和态度。

②人际交往是人与人互动过程中心理关系亲密、和谐、协调的体现。

③人际交往的目的是通过彼此的沟通和交流建立融洽、和谐的人际关系。

---

[1] 毛芳才，梁华，林明，等.大学生入学教育读本[M].长春：东北师范大学出版社，2019：77.

[2] 谢虹，王向荣，余桂林.护理人际沟通与礼仪[M].武汉：华中科技大学出版社，2017：27.

[3] 段淳林.公共关系学[M].广州：华南理工大学出版社，2001：302.

2. 人际交往的类型

人际交往有多种类型，而依据不同的标准，可分为不同的类型，具体如下所述。

（1）单向交往和双向交往

单向交往的信息传递是单向的，即从一方传向另一方后没有信息的反馈，如图4-7（1）所示。双向交往的信息是双向的，即信息从一方传向另一方后，会有信息的反馈，如图4-7（2）所示。

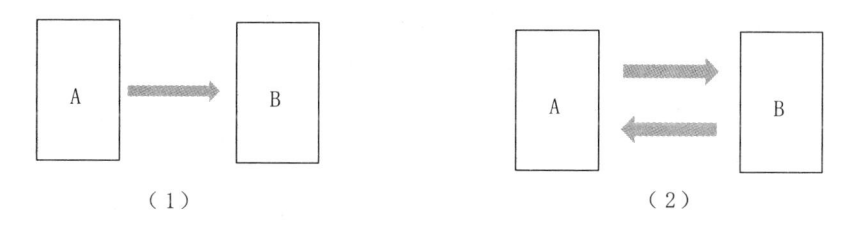

图4-7 单向交往与双向交往的示意图

（2）书面语交往与口语交往

在人际交往中，信息的传递需要依靠符号系统，而根据符号系统的不同，可将人际交往分为书面语交往和口语交往。顾名思义，书面语交往就是借助书面文字进行交往，如书信，其优点是可以超越时空；而口语交往就是借助有声的语言进行交往，如交谈、讨论，其优点是便捷、效率高。

（3）语言交往和非语言交往

上文提到的书面语交往和口语交往都属于语言交往，即利用文字、语言等符号系统进行交往。非语言交往是指利用非语言符号系统进行交往，最常用的非语言符号系统有动作和表情。有些动作和表情可以直接传递信息，如摇头、点头，但有些动作和表情只能起到辅助和强化的作用。

（二）人际交往中的心理效应

在人际交往中有很多有趣的心理现象，这些心理现象有助于我们进一步了解人际交往的本质，并有助于指导大学生的人际交往。

1. 首因效应

首因效应即我们常说的第一印象，即与他人交往时的第一印象往往会留下比较深刻的影响。第一印象通常是不可靠的，因为对一个人的认知是有限的，依此下定的结论必然是片面的、不客观的。因此，在与他人交往的过程中，要尽可能地避免首因效应，切忌接触一次后就下一个结论，而是应该在多次接触后对他人做一个综合性的判断，构建一个整体的印象。

2. 近因效应

在与他人交往的过程中，与他人最后一次见面时留下的印象通常会在他人的脑海中存留较长的时间，这便是近因效应。近因效应与首因效应看似是对立的，但其实这两个心理效应分别说明了两种人际交往中的现象。首因效应适用于陌生人之间的交往，即陌生人交往中往往第一印象影响较大；近因效应适用于熟人之间的交往，即熟人交往中往往最后一面的影响较大。

3. 晕轮效应

晕轮效应也称光环效应，即当某个人在某方面表现特别突出且给他人留下了非常深刻的印象时，便会掩盖这个人其他方面的特征，甚至会掩盖他的缺点。晕轮效应是一种以点概面的心理，不利于我们完整地了解一个人，所以需要尽量地克服。

4. 定型效应

定型效应是指在人们的脑海中存在着很多固定的形象，但看到某个与该形象相符合的人时，便会将对该形象的评价施加到这个人身上。定型效应容易产生刻板印象，这无疑会影响我们对一个人的了解和认识。

5. 投射效应

在人际交往中，当我们对某个人了解不足时，常常会将自己身上的某些特征投射到这个人身上。成语"以小人之心，度君子之腹"便是在说明这种效用，即"小人"会将自己"小人"的特征投射到"君子"身上。投射效应也会影响我们对一个人的认识和了解，同样需要尽力地避免。

（三）人际交往的意义

1. 人际交往有助于满足人的需要

每个人都有需求，而根据马斯洛的需求层次理论，人的需求可分为五个层次，从低到高依次为生理需求、安全需求、社交需求、尊重需求和自我实现需求。其中，社交需求需要通过人际交往去满足。其实，除了社交需求之外，各个层次需求的满足都离不开人际交往。离开了人际交往，生存将会成为问题，这就会导致生理需求得不到满足；安全需求也需要自己和他人共同构建，孤立的个体很难获得安全感；尊重更是体现在不同个体之间，离开了人际交往，人与人之间的尊重将无从谈起；自我实现虽然在很大程度上依靠自我，但缺少了他人也同样不能实现。人际交往是满足人需求的一个重要途径。

2. 人际交往既是认识他人的途径，也是认识自我的途径

在与他人交往的过程中，我们通过观察对方的言行举止，通过了解对方的爱好、性格，逐渐加深对一个人的认识。而通过他人对我们的评价，我们也可以不断地认识自我。其实，从某种意义上来说，我们既是最了解自己的人，同时也是最不了解自己的人，有很多地方可能我们自己从来没有看到过，但他人却可以看得清清楚楚。杰瑟夫·卢夫特和哈里·英格拉姆提出过的一种橱窗分析法，这是一种认知自我的方法，如图 4-8 所示。由图可知，每个人都存在自己不知道别人却知道的部分，而通过与他人的交往便可以帮助我们了解这部分，从而加深对自己的认知。

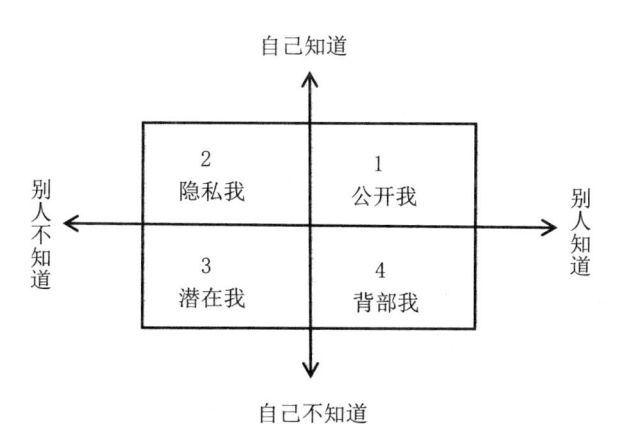

```
                   自己知道
                      ↑
         ┌────────────┼────────────┐
         │     2      │     1      │
         │   隐私我    │   公开我    │
别人      │            │            │      别人
不  ←─────┼────────────┼────────────┼─────→  知
知        │            │            │      道
道        │     3      │     4      │
         │   潜在我    │   背部我    │
         └────────────┼────────────┘
                      ↓
                   自己不知道
```

图 4-8　橱窗分析法

3. 人际交往是幸福的一个要素

幸福的要素有很多，人际交往是其中不可或缺的一个要素。因为人具有社会属性，这就决定了人不可能孤立生存。爱情、友情、亲情等都属于人际

关系的范畴，而这些是构成人幸福的基础。不难想象，一个人如果拒绝人际交往，那么他在爱情、友情，甚至亲情上都会受挫，这个人也必然不是一个幸福的人。

二、大学生人际交往的原则与良好人际关系的建立

人际交往是大学生幸福的一个不可或缺的要素，也是指导大学生幸福观构建中的一个重要方向，所以指导大学生遵守一定的人际交往原则以及指导大学生建立良好的人际关系是非常有必要的。

（一）大学生人际交往的原则

针对大学生这一群体，我们总结了大学生在人际交往中比较受欢迎的个人品质以及比较讨厌的个人品质（如表4-2所示），在此基础上，我们对大学生人际交往中重要的原则进行分析。

表4-2 大学生人际交往中比较受欢迎的个人品质与比较讨厌的个人品质

序号	比较受欢迎的个人品质	比较讨厌的个人品质
1	尊重他人，对待他人一视同仁	以自我为中心，不尊重他人
2	热情、开朗、乐于助人	孤僻、冷漠、不合群
3	待人真诚、大度	虚伪、斤斤计较
4	言行举止得当	行为古怪、语言粗鲁
5	谦逊、努力	狂妄自大、自命不凡、不求上进
6	有责任心，热爱集体	无组织、无纪律

1. 平等原则

在人际交往中，大学生应始终秉承平等待人的原则，即平等对待每一个人。当然，此处所指的平等并不是指每一件事都要平等待人，更多的是指态度上的平等。一所高校的学生来自五湖四海，他们的性格、爱好、能力、经济等方面必然会存在差异，学生不能因为一个人某一方面存在优势便高看一

眼,更不能因为一个人在某方面存在劣势而低看人一眼,而是应该始终以一种平等的态度对待每一个人。

2. 尊重原则

大学生人际交往中的尊重原则包括尊重自己和尊重他人。尊重自己是前提,无论在任何场合,大学生都不能妄自菲薄,要勇于向他人展现自己,这样才能赢得他人的尊重。而尊重他人就是要尊重他人的兴趣爱好、生活习惯、价值观念等。正所谓"敬人者,人恒敬之",大学生在学会尊重自己的同时,还需要学会尊重他人,这样才能在彼此的相互尊敬中建立良好的人际关系。

3. 诚信原则

诚信是做人之本,《论语·为政》中有"人而无信,不知其可也。大车无輗,小车无軏,其何以行之哉"的言论,其意思是:人要是失去了信用或不讲信用,不知道他还可以做什么,就像大车没有车辕与軶相连接的木销子,小车没有车杠与横木相衔接的销钉,它靠什么行走呢?在现代社会,诚信显得愈加重要,可谓是人的第二张"身份证",他能够给他人带去一种信任感和安全感,这在人际交往中是非常重要的。因此,大学生在人际交往中要时刻以诚信为本,切忌失信于人。

4. 宽容原则

所谓宽容,就是在大学生的人际交往中,要保持一个开阔的心胸,切忌小肚鸡肠,事事都斤斤计较。如今的大学生普遍具有较强的个性,在交往的过程中难免会发生矛盾或冲突,如果事事斤斤计较,无疑会使同学之间的关系变得紧张。其实,关于矛盾和冲突,多数情况下都是由于观点不同导致的,大学生不必强求他人接受自己的观点,而是要抱着求同存异的态度,客观地去分析问题,从而化解矛盾,宽容彼此。

5. 距离原则

社会心理学研究表明,在人际交往中,过近的距离或者过于频繁地交往有时也会引起他人的不安,这是因为每个人都有独处的需求,也有安全的需求,如果忽视了这一点,反而会引起他人的反感,进而影响彼此的关系。因从,在大学生人际交往中,彼此需要保持一定的距离感,给彼此一定的个人空间,从而营造出一种相对舒适的人际关系。

6. 互爱原则

互爱原则就是要互相关爱，因为人际交往是一个相互的过程，在这个过程中只有一方付出很难维系关系，只有交往的双方共同经营，才有助于建立起一种良好的人际关系。古语有云"来而不往非礼也"，针对他人对自己的关爱给予同样的关爱，这既是一种礼貌的表现，也是一种对人情感的积极反馈，这对于建立良好的人际关系能够起到非常积极的作用。

（二）大学生良好人际关系的建立

在大学生人际交往中，除了遵守一定的原则之外，还可以从如下几个方面做出思考，从而进一步促进大学生良好人际关系的建立。

1. 了解人际关系的状态

在人际交往的过程中通常存在多种状态，随着交往的深入，状态也在发生变化，即逐步深入，如表4-3所示。就人际交往的整个过程去看，人际关系的状态通常都是由浅到深，对于不同的人来说，可能会发展为最深层次的关系，也可以会停留在某个阶段。在人际交往中，大学生应该对人际交往的状态有一个认知，这样才便于学生更好地去处理和他人的关系。

表4-3 人际交往中的状态

人际关系的状态	相互作用的水平
零接触	浅 ↓ 深
单向注意	
双向注意	
表面接触	
轻度交往	
中度交往	
高度交往	

2. 了解人际关系建立的过程

在人际交往中，人际关系的建立大多会经过如下几个过程，如图 4-9 所示。了解人际关系建立的过程，也有助于学生更好地去处理和他人的人际关系。

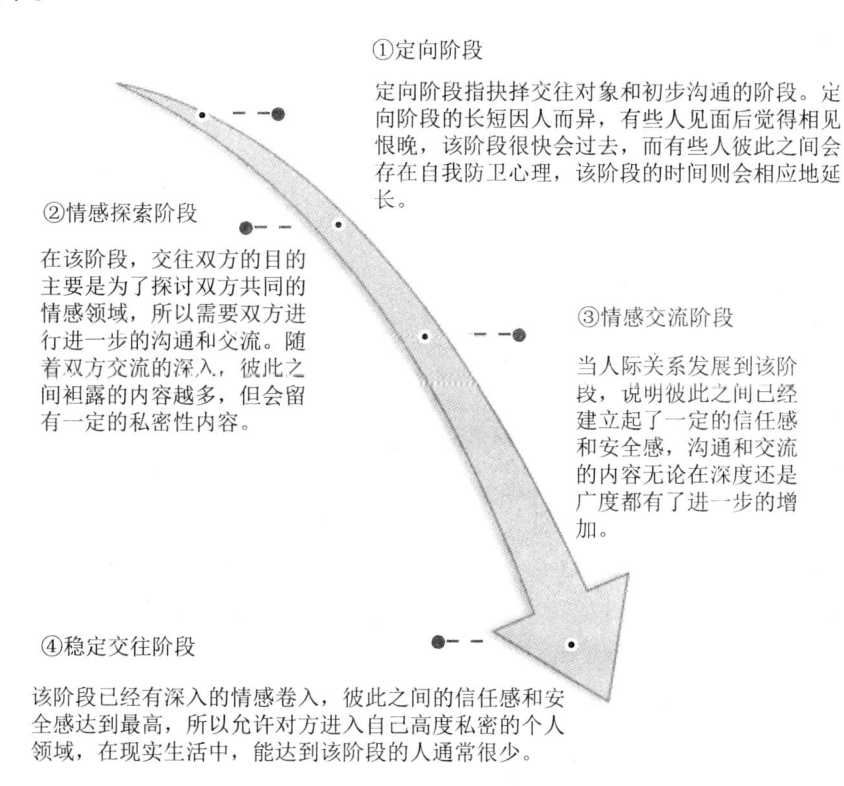

① 定向阶段

定向阶段指抉择交往对象和初步沟通的阶段。定向阶段的长短因人而异，有些人见面后觉得相见恨晚，该阶段很快会过去，而有些人彼此之间会存在自我防卫心理，该阶段的时间则会相应地延长。

② 情感探索阶段

在该阶段，交往双方的目的主要是为了探讨双方共同的情感领域，所以需要双方进行进一步的沟通和交流。随着双方交流的深入，彼此之间袒露的内容越多，但会留有一定的私密性内容。

③ 情感交流阶段

当人际关系发展到该阶段，说明彼此之间已经建立起了一定的信任感和安全感，沟通和交流的内容无论在深度还是广度都有了进一步的增加。

④ 稳定交往阶段

该阶段已经有深入的情感卷入，彼此之间的信任感和安全感达到最高，所以允许对方进入自己高度私密的个人领域，在现实生活中，能达到该阶段的人通常很少。

图 4-9 人际关系建立的过程

3. 掌握一些人际交往的方式和技巧

在人际交往中，大学生需要注意其交往的方式，并善于运用一些技巧，这对于促进学生良好人际关系的建立能够起到非常积极的作用。

（1）学会倾听和赞美他人

在人际交往中，说与听是两个重要的方式，其中，说是传达信息的方式，而听是接收信息的方式。为了更好地促进交往双方建立良好的人际关系，大学生需要注意说与听的方式。在说的方式中，学生应学会如何恰当地赞美他人。每个人都有其长处，这些长处值得我们学习，也值得我们赞美，我们应学会恰当地去赞美他人的长处。何为恰当地赞美，就是态度要诚恳、真诚，让对方感受到你是在发自内心的赞美他，而不是阿谀奉承。在听的方式中，要学会倾听，这是一种境界，并不是简单地听对方讲话，而是要善于抓住对方话语中的关键内容，并随时注意对方的情感、情绪变化。有时候，倾听往往比说话更重要，这有助于开启彼此的信任之门，并增进彼此的理解。有一点需要注意，无论是在说话的过程中，还是在倾听的过程中，都需要学会适当地进行眼神上的交流，这也是促进双方情感交流的一个有效的方式。

（2）学会解决人际交往中的矛盾和冲突

在大学生人际交往的过程中，不可避免地会产生冲突或矛盾，所以学会解决冲突和矛盾是大学生必然要掌握的一种能力。具体而言，可从如下几个方面做出思考。

①学会沟通。沟通是解决冲突和矛盾的一个有效途径，很多冲突和矛盾的产生有时并不在问题本身，而是沟通存在问题，所以大学生应学会与他人沟通。至于如何沟通，倾听是第一位的，因为沟通的一个目的就是求同存异，而要做到这一点就需要倾听他人的想法和观点，这样才可能理解他人，进而彼此达成共识。

②学会换位思考。所谓换位思考，就是站在对方的立场去思考问题。针对同一个问题、同一件事情，不同的人很可能会产生不同的观点或想法，也许两种想法或观点都没有错，只是没有站在对方的视角，所以可能会认为对方的想法或观点是错误的，所以在针对某件事或某个问题产生冲突或矛盾时，应学会换位思考。当然，要做到换位思考存在很大的难度，因此学生平时要加强练习。练习时，可以选择一个安静的场所，然后放两把空椅子，分别代表自己和对方的立场，学生首先坐在其中的一把空椅子上，想象对方也坐在椅子上，将自己的想法和观点向对方倾诉，待倾诉完之后，坐到另一把椅子上，将自己想象为对方，然后从对方的角度针对自己刚才的观点提出不同的观点。这种角色互换的游戏有助于学生从另一个角度去看待问题，也有助于学生增强对他人的理解，从而有效缓解学生之间的冲突和矛盾。

③学会拒绝。拒绝也是大学生人际交往中需要掌握的一种能力，因为良好的人际关系的建立并不意味着要不断地满足对方的要求，这样只会增加自己的负担，尤其当超出自己的能力范围后，他人反而会因为我们没有将事情做好而抱怨我们，进而影响彼此的关系。因此，面对他人的要求，大学生应充分考虑自己的实际情况，如果能力不足或者由于其他原因不能完成，一定要勇敢地拒绝。其实，拒绝并不会影响双方的关系，有时候真诚的拒绝反而会让对方觉得自己真诚、可信，这样反而会拉近彼此的关系。当然，由于大学生自尊心较强，所以在拒绝时应注意自己的表达，说话应得体、恰当，这样才更容易被对方接受，进而避免矛盾冲突的产生。

④学会退让。进与退是一个人行为的两面，虽然我们认为"进"是一种积极的行为，但一味地"进"有时也并不是一件好事，尤其在人际交往中产生矛盾时，如果矛盾的双方都一味地选择"进"，那么矛盾必然会被不断地激化。因此，在面对人际交往中的矛盾时，大学生应学会适当地退让，避免矛盾进一步被激化，待双方情绪平静下来之后，再以一种相对理智的状态去解决矛盾。

（3）学会保持适当的人际距离

适当的人际距离即包括身体上的，也包括心理上的。在上文产生大学生人际交往的原则时，笔者便提到了距离原则，同时，这也是学生应该掌握的一种人际交往的方式。

首先，在身体距离上，根据美国学者霍尔提出的"人际距离"，可以将人身体上的距离分为四种。

①亲密距离：距离在 0～0.55 米之间，通常家人和要好的朋友在该范围内。

②个人距离：距离在 0.55～1.21 米之间，通常普通朋友在该范围内。

③社交距离：距离在 1.21～3.66 米，通常认识但不熟悉的人（还称不上朋友）在给范围内。

④公共距离：距离在 3.66 米以上，通常是指与陌生人之间要保持的距离。

针对不同的交往对象，在条件允许的情况下，大学生应保持上述交往距离，这样可以使对方感到舒适且安全。

除了身体上的距离外，在人际交往中，大学生还应该学会保持一定的心理距离，即在与对方沟通交流的过程中，在对方不主动告知的情况下，不要询问对方个人隐私相关的问题，这样既是对对方的不尊重，也会给对方造成一种侵略感，进而影响彼此的关系。

总之，作为社会中的一员，必然会与他人产生交集，而人际交往的情况无疑会影响着个体对幸福的感知和获得，进而影响个体幸福观的形成。因此，在大学生幸福观教育中，教师也不能忽视人际交往的重要作用，同时也需要了解大学生人际交往的现状，进而结合大学生人际交往的情况予以指导，从而引导学生建立良好的人际关系，进而促进其科学幸福观的形成。

三、科学幸福观促进大学生良好人际关系的构建

关于科学幸福观对大学生良好人际关系构建的促进作用，除了有助于大学生更好地处理人际交往中的矛盾外，科学幸福观对大学生良好人际关系构建的促进作用还体现在如下三个方面。

（一）科学幸福观有助于大学生积极参与人际交往

在大学生良好人际关系的构建中，积极参与人际交往是一个非常重要的前提，因为如果大学生将自己封闭起来，拒绝与他人交往，那么良好人际关系的构建便无从谈起。在当前的大学生群体中，虽然多数大学生表现出比较强烈的交往意愿，但在实际的表现中，却并不理想，很多大学生宁愿过着教室、宿舍、食堂三点一线式的生活，也不会去打开自己的圈子，去结交更多的朋友。当然，这种情况算不上社交恐惧，但无疑也会影响大学生良好人际关系的构建。科学的幸福观可以促进大学生健全人格的形成，而健全的人格可以促使大学生形成积极的人生态度，这种积极的人生态度可以驱使大学生勇敢地走出自己的小圈子，去接触更多人，结交更多的朋友，从而为良好人际关系的构建打下一个基础。

（二）科学幸福观有助于抑制大学生人际交往中的负面心理

在大学生的人际交往中，有一些负面心理会严重影响大学生良好人际关系的构建，如以自我为中心、嫉妒、猜忌等。以大学生以自我为中心这一负

面心理为例，这些大学生通常缺乏共情能力，他们不能感受他人的情绪或情感，所以会以自己的情感、思想或需求为出发点，不体谅他人的感受，这就使得这部分学生很难融入群体，进而影响其人际交往。对于这些人际交往中的负面心理，科学幸福观能够起到非常好的抑制作用。同样以大学生以自我为中心这一负面心理为例，科学的幸福观有助于大学生更好地认识自我和与他人之间的关系，在这种认知中，大学生会逐渐认识到以自我为中心的错误性，并会逐渐去改变这种状态，最终使大学生减弱甚至消除以自我为中心这一负面心理。总之，无论哪种人际交往中的负面心理，科学的幸福观都能够起到一定的抑制作用，从而使大学生在较少的负面心理的影响下构建其良好的人际关系。

（三）科学幸福观有助于大学生更好地处理恋爱中的问题

恋爱也是大学生人际交往中不可或缺的部分，但由于大学生对爱情的认知不足，所以在恋爱中存在很多的问题。比如，不知道为什么恋爱，有些大学生选择恋爱的动机可能并不是出于爱情本身，而是为了弥补内心的空虚，或者看到身边的人都在恋爱，所以自己也选择恋爱，这种行为本身是一种缺乏责任感的体现。再如，面对失恋时，很多大学生不知道如何化解由失恋引起的消极情绪，这容易导致一些心理疾病，甚至诱发一些过激的行为。总之，恋爱作为大学生人际交往中的重要组成部分，如何处理好恋爱中的问题，也是大学生良好人际关系构建中的一个重要话题。关于恋爱问题，我们可能更多提到的是爱情观，这似乎和幸福观没有关系，但其实爱情和幸福之间有着紧密的联系，只有得到幸福的爱情才是真正的爱情，所以正确爱情观的构建需要以幸福观为指导，即以获得真正的幸福为目标去寻找爱情。由此可见，科学的幸福观可以引导大学生以正确的态度去看待爱情和寻找爱情，这对于大学生正确爱情观的构建以及恋爱中问题的处理无疑发挥着积极的作用，进而使大学生在健康的恋爱中构建起更加和谐的人际关系。

第四节 大学生挫折应对与幸福

挫折是人生的一部分，虽然它是不愉快的，但却是必然的。如今，随着教育改革步伐的加快，中小学阶段的教育虽然越来越重视学生素质和能力的发展，但在挫折教育方面却仍存在不足，这使得很多大学生缺乏抗挫折的能力，而挫折作为人生的一部分，正确认识挫折，并具备一定的抗挫折能力是必要的。因此，在大学生的幸福观教育中，指导学生认识挫折、应对挫折，也是一个不能忽视的方向，这样有助于大学生在挫折中学会成长，并在成长中体验到幸福。与此同时，科学幸福观也有助于大学生更好地应对挫折，比如中华传统文化中的幸福观强调"自强不息"，这就是在教导人们要不畏惧困难与挫折，要坚持不懈地努力向上。由此可见，大学生抗挫折能力的培养与大学生科学幸福观的形成也是相辅相成的关系。

一、认识挫折

（一）挫折的概念

关于挫折的概念，笔者通过查阅资料发现，多数学者都是从心理学的角度对挫折进行界定。

有的专家认为，挫折是指个体在某种动机的推动下，在实现目标的活动中，由于遇到了客观上无法克服或者主观上认为无法克服的阻碍和干扰而使其需要或动机不能获得满足时，内心所产生的紧张状态和消极的情绪反应。[①]也有人认为挫折是指个体在实现目标的活动中，遇到了无法克服或自以为无法克服的障碍和干扰，使其需要或动机不能获得满足时所产生的紧张状态和消极情绪反应，并指出构成挫折的条件：①具有必要的需要、动机和目标；②要有满足动机和实现目标的实际行为；③要有挫折情景发生；④挫折认知；

---

① 陈小玲，边和平. 挫折教育新论 [M]. 徐州：中国矿业大学出版社，2015：12.

⑤必须有对挫折产生的紧张状态和情绪反应。[①]

由上可知，不同学者对挫折的界定非常相近，简单来说就是在遇到无法克服或者主观上认为无法克服的困难时所产生的一种消极的情绪或状态。每个人在追求理想的过程中，都不可避免地会遇到挫折，我们需要做的就是要正确看待挫折，学会在受挫后进行心理调适，并不断提升自己抗挫折的能力。

（二）大学生挫折的类型

大学生挫折的类型很多，大致可以归纳为如下几个方面（如图4-10所示）。

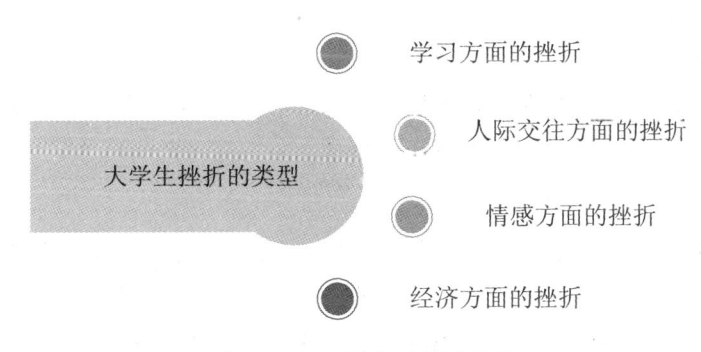

- 学习方面的挫折
- 人际交往方面的挫折
- 情感方面的挫折
- 经济方面的挫折

图 4-10　大学生挫折的类型

1. 学习方面的挫折

相较于高中而言，大学的学习环境发生了较大的改变，有些学生短时间内不适应这种改变，从而造成了学习方面的挫折。具体而言，学习方面的挫折主要体现在如下两个方面。

（1）对专业的不适应导致的挫折

由于大学不同专业之间在教学内容、教学目标等方面存在很大的差异，所以需要学生结合自己的兴趣或者未来发展的规划选择适合自己的专业，这样才更有助于调动学生学习的积极性。然而，在报考专业时，很多学生对于自己将来要学的专业并不是十分了解，而且也没有一个长远的生涯规划，所以报考专业时带有较大的盲目性。待进入大学后，很多学生发现自己所学专

---

① 陈叶坪，张桂兰. 大学生健康教育[M]. 2版. 武汉：华中科技大学出版社，2018：23.

业与预想的存在较大的出入，此时会导致学生产生消极的心理，进而影响其学习。

（2）对新学习模式的不适应导致的挫折

大学与高中的学习模式存在很大的区别。在高中时，教师时常会督促学生的学习，并随时指导学生的学习，学生的学习其实存在较大的依赖性。而到了大学，教师不会过多参与到学生的学习中，学生的学习模式大多为自主学习，依靠的是学生的主观能动性。此时，如果学生不能合理地利用时间，主动地进行学习，而是将时间浪费在游戏、看剧上，必然会导致学习成绩下滑，进而产生挫折感。

2. 人际交往方面的挫折

由于各种主观或客观因素的影响，大学生在人际交往的过程中难免会遇到挫折，进而导致大学生产生负面的情绪。

3. 情感方面的挫折

大学生最常见的情感包括三种：亲情、友情和爱情。大学生情感方面的挫折也主要来自这三个方面。首先，在亲情上，由于不同的家庭，其情况存在差异，所以大学生亲情上的挫折也存在差异。比如，有些学生的家庭关系不和睦，学生便容易与家长产生矛盾。其次，在友情上，很多大学生都希望能够结交到好朋友、好知己，但由于每个人都有自己的个性，所以很多时候彼此之间很难走到知己的程度，这就会导致友情上的挫折。最后，在爱情上，很多大学生对爱情的想象是非常美好的，但由于很多大学生对爱情的认知不成熟，所以常常会导致出现不好的结果，进而产生爱情上的挫折。

4. 经济方面的挫折

相较于上述几类挫折而言，在大学生群体中，产生经济方面挫折的学生占少数，因为大多数学生都具有比较正确的消费观，他们会根据家庭的经济情况进行适宜的消费。但是，也有少数学生受享乐主义的影响，他们总是追求物质消费带来的幸福感，但他们的家庭经济情况很难承受他们高额的消费，这就给他们带去了沉重的经济包袱。

(三) 大学生挫折心理的成因

关于引起大学生挫折心理的成因,我们总结了七个大学生常见的挫折源,(如表4-4所示),通过挫折源再来分析大学生挫折心理的成因。

表4-4 大学生常见的挫折源

挫折源	具体包括
他人意见	自己与他人或群体的意见不一致,他人对自己的评价低于自我评价
学业压力	考试不过关,老师批评,面临重要的专业或等级考试,不喜欢所学专业
人际交往	与同学产生矛盾,与好朋友决裂,与女朋友(男朋友)分手
选择矛盾	就业与升学的矛盾,学习与兼职的矛盾,学习与社团活动的矛盾,学习与娱乐的矛盾
现实压力	理想与现实的差距,现实中一些很难解决的事情
父母期望	父母期望过高,自己难以达到父母的期望
自制与自立	对他人依赖性较强,不能独立处理某些事情,不能自我克制,意志力较薄弱

1. 大学生现实自我与理想自我的冲突

大学生大多具有崇高的理想,他们对未来充满了期望,并期望通过大学的学习实现自己的理想。然而,在实际行动中,很多学生由于拖延、懒惰、自制力差等原因,导致学习成绩与理性成绩总是存在很大的差距,进而产生心理上的挫折。崇高的理想是基础,在此基础上还需要学生不断地努力奋斗,这样才会一步步地接近理想。

2. 大学生自尊心与自卑感的冲突

大学生大多具有较强的自尊心,尤其随着大学生自我意识的增强,他们的自尊心也随之逐渐增强。其实,这是对自我人格尊重的一种体现,这是每个人都应该具备的。但是,过强的自尊心有时会起到负面的作用,尤其对于大学生而言,对很多事物的认知不是非常成熟,这就容易在过强的自尊心的作用下衍生出自卑感。在很多大学生身上都同时存在着自尊心和自卑感,二者"和谐"地存在，但同时又存在冲突，这就非常容易导致学生产生挫折心理。

3. 大学生情感与意志结构的矛盾

在包括大学生在内的每个人的心理过程中，情感与意志是既关联又矛盾的相互作用的动力关系，情感是意志行为的动力，反过来，意志又会作用于人的情感。对于大学生而言，情感上，他们或表现为热情，或表现为内敛，或表现为怯懦，但无论哪种情感，大学生都不善于用意志去控制自己的情感，这是大学生容易感情用事的一个重要原因。

由图4-11可知，在一个具有两歧效价的物体中，正效价通常引发正向量，它会使个体接近该物体，而负效价通常引发负向量，它会使个体回避负效价。在正负效价的作用下，会产生"接近-回避"型冲突。由此可知，在意志行为的冲突中，情感可以促使意志行为的发生。当问题比较严重时，这种特殊的内心状态便会更加持久，当大学生不能主动调节自己的情绪时，其意志行为也会相应地缺乏自制力和持久力，这就是大学生情感与意志行为的矛盾，也是大学生产生挫折心理的一个重要因素。

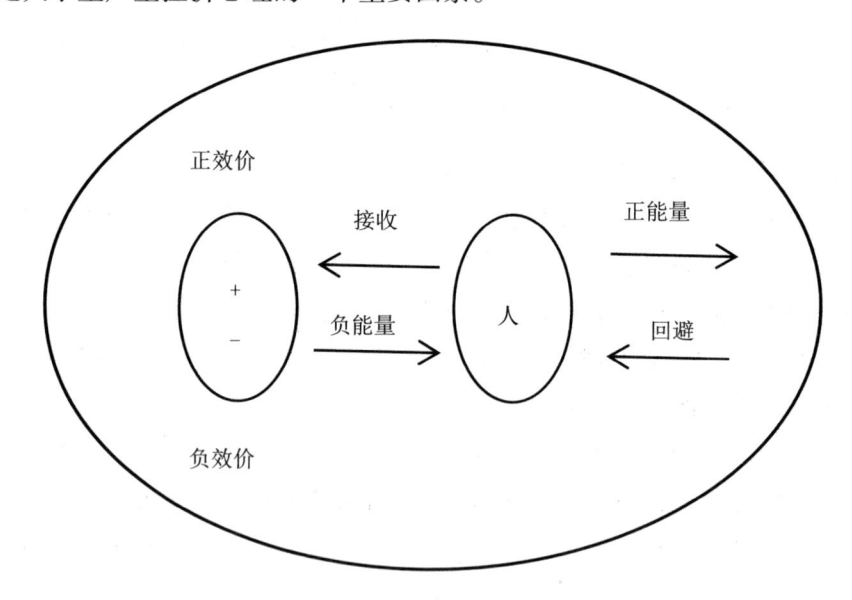

图 4-11 两歧效价示意图

4. 大学生独立意愿与依赖惯性的矛盾

大学生在进入大学之前，其生活的场所大多为学校或家庭，这就导致很多学生对学校和家庭形成了较强的依赖性。而大学相较于高中而言，其环境相对开放，大学生学习和生活的自由度较高，很多学生独立的意愿也开始增强。然而，由于以前较长时间形成的依赖性存在一定的惯性，使得很多学生在独自处理一些事情的时候常常显得手足无措，甚至把事情搞砸，进而产生一定的挫败感。

二、大学生受挫后的心理调适及抗挫能力的培养

挫折具有双向效应，其正向效应的发挥有助于提升学生的幸福感，因此，在大学生幸福观教育中，要指导大学生学会在受挫后进行心理上的调适，并指导大学生提升其抗挫折能力，这样才能降低挫折的负向效应，提高挫折的正向效应，进而使大学生在挫折应对中不断提升其幸福感。

（一）大学生受挫后的心理调适

既然挫折在所难免，那么大学生就需要学会在挫折后进行心理调适，降低过度挫折心理对大学生造成的消极影响。具体而言，大学生受挫后的心理调适可以采取如下几种方法。

1. 心理宣泄法

在遭受挫折后，往往会产生一些负面情绪，如果大学生不尽快消除这些负面情绪，便容易对学生产生消极的影响，因此，面对由挫折导致的负面情绪，学生应学会合理地宣泄。

2. 理性淡忘法

在学习与生活中，人的大脑每天都在接受很多信息，有积极的信息，也有消极的信息，那些消极的信息更多时候只能增加精神的负担，所以大学生应学会淡忘一些消极的信息，尤其当过度的挫折心理已经产生了非常消极的影响时，学生更要学会淡忘，从而使自己的身心回归正常的状态。其实，淡忘是大脑的一种功能，如果没有淡忘，人的大脑将会因为信息过多而混乱，所以一些消极的信息就应该学会理性地淡忘。淡忘并不是逃避，因为淡忘的不是挫折本身，大学生需要从挫折中汲取经验，然后淡忘掉由挫折产生的消

极信息,这样才是正确看待挫折的一种做法。

3. 反向心理调节法

反向心理调节法就是换个角度(通常为积极的角度)去看待挫折,这是一种"趋利避害"的思维方式。其实,很多事情都是有两面性的,在上文我们也指出了挫折的双面效应,因此,当无法改变挫折本身的时候,不妨换个角度去看待挫折,也许能够收获不一样的风景。

4. 注意转移法

注意转移法就是将注意力从引起不良情绪的情境转移到其他的情境中。每个人都不可避免地会遇到挫折,如果一味地沉浸在由挫折导致的负面情绪中不仅会影响大学生的学习和生活,甚至会影响身心的健康。因此,在无法排解由挫折产生的消极情绪时,学生可以试着将注意力转移到其他地方。比如,音乐可以调节人的情绪,不同的音乐对不同的情绪能够起到不同的作用。如果因挫折产生愤怒、暴躁的情绪,可听一些舒缓、柔和的音乐,从而抚平其情绪;如果因挫折产生悲伤、痛苦的情绪,可听一些明快、轻松的音乐,从而使其精神振奋。

5. 咨询法

咨询法就是在必要的时候进行心理咨询。当大学生受挫后不能进行自我调适时,可寻求专业人士的帮助。苏轼有诗云:"不识庐山真面目,只缘身在此山中。"意思是说人们置身于某件事情之中时,很难看清楚事情的真正面貌。当大学生困在挫折中时,有时会因为种种主客观因素的影响,导致学生不能正确地看待挫折,进而对其产生消极的影响,而他人(尤其专业人士)却可以直观地看到学生的问题,从而针对学生的问题进行指导,进而帮助学生更快地从挫折中走出来。

(二)大学生抗挫能力的培养

关于挫折,除了引导大学生学会受挫后自我调控外,还需要从根本上提高大学生的抗挫折能力。具体而言,大学生抗挫折能力的培养可从如下三点着手。

1. 加强大学生对挫折的认知

对挫折的正确认知是提升大学生抗挫折能力的一个基础，正所谓"知己知彼，百战不殆"，大学生之所以抗挫折能力普遍较低，一个重要的原因就是对挫折的认知不足。因此，高校首先要做的就是加强大学生对挫折的认知。大学生对挫折的认知主要体现在两个方面：一是对挫折本身的认知，二是对挫折产生原因的认知。对挫折本身的认知能够帮助大学生认识到：挫折是不可避免的，也是正常的，挫折本身并不可怕，关键在于如何面对挫折，战胜挫折。对挫折产生原因的认知就到要指导学生学会客观分析挫折产生的原因，这样才能针对挫折去制订策略，从而战胜挫折。

2. 丰富大学生抗挫折教育的路径

如今，很多高校都开展了挫折教育，但其效果却并不是非常理想，一个重要的原因就是挫折教育的路径较为单一，因此，高校应丰富大学生挫折教育的路径。高校中常见的挫折教育是在思想政治课程中渗透，除此之外，高校其实还可以在其他课程中渗透，尤其在一些人文、社会类的学科中，可以深入挖掘挫折教育需要的元素，从而在课程中进行渗透。此外，高校还可以积极开展社会实践活动，这是培养学生意志力的一个重要途径，也能够提升学生的抗挫折能力，而且在社会实践中，还可以同时培养学生其他方面的素养，如实践能力、分析问题的能力等。

3. 构建挫折教育立体网络

大学生抗挫折能力的形成还与社会环境有关，所以除大学生个人和高校两个层面外，还需要从社会层面着手，构建学生、学校、社会三位一体的挫折教育立体网络。其中，社会提供环境上的支撑，在最外层；高校发挥关键作用，也是大学生接受抗挫折教育的主要场所，在中间层；而学生是受教育的主体，同时也是抗挫折教育的落脚点，在最核心层，如图4-12所示。

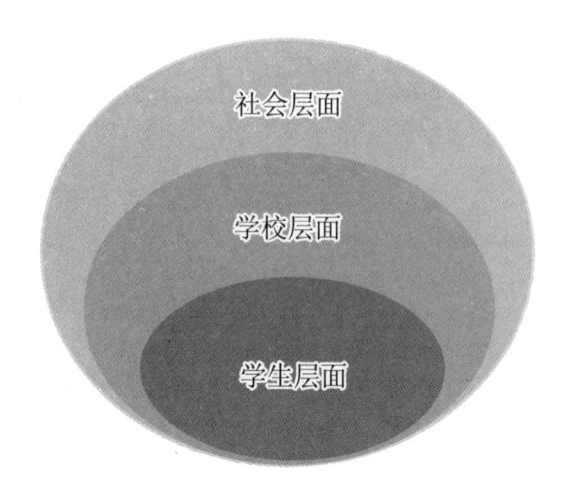

图 4-12 大学生抗挫折教育立体网络示意图

总之,挫折是影响大学生幸福感知、幸福获得以及科学幸福观构建的一个重要因素,是教师在大学生幸福观教育中必须要考虑的一个方向,尤其面对大学生抗挫折能力普遍偏弱的现状,教师更需要指导大学生学会受挫后进行心理上的调适,并结合高校和社会的力量提升大学生的抗挫折能力,从而让大学生能够更好地面对挫折、战胜挫折,进而提升幸福获得的能力,形成科学的幸福观。

三、科学幸福观有助于大学生更好地应对挫折

大学生群体中常见的四种挫折类型:学习方面的挫折、人际交往方面的挫折、情感方面的挫折和经济方面的挫折。科学幸福观有助于大学生更好地应对挫折。

(一)科学幸福观有助于大学生应对学习方面的挫折

关于学习方面的挫折,主要体现在两个方面:一是对专业不适应导致的挫折;二是对新学习模式的不适应导致的挫折。专业不适应在大学生群体中是一个比较常见的现象,因为大学的专业划分比较细致,而很多学生对这些专业的了解都比较浅显,导致进入大学后,很多学生发现自己所学专业与预想存在较大的出入,此时会导致学生产生消极的心理,进而影响其学业。针对大学生开展的幸福观教育,虽然不能改变大学生所学的专业,但却有助于

大学生改变对所学专业的看法，并使大学生更快地适应其所学专业，从而最大限度地降低由专业不适应所导致的挫折。

面对新的学习模式，其实也有相当一部分大学生会感到不适，如果不能尽快地克服这种不适，必然会导致学习成绩下滑，甚至产生学习上的挫折感。而针对大学生开展的幸福观教育，其中有很多关于"自强不息""奋斗"的内容，这些内容能够让大学生认识到奋斗的重要性，并会驱使大学生通过奋斗去克服学习上存在的种种困难，从而使大学生逐渐从初期的挫败感中走出来，甚至会为取得较好的学习成绩而感到自豪。

（二）科学幸福观有助于大学生应对情感方面的挫折

一是从大学生家庭层面。大多数的家长都抱有"望子成龙，望女成凤"的态度，而且也将这种态度传递给了孩子，这使得很多学生从中小学开始就承担着父母的重大期望，并在巨大的压力下时刻压抑着自己。当进入大学后，学生从空间上脱离了父母，此时被压抑的自己可能会被释放出来，如同一匹脱缰的野马，而这就容易导致大学生和父母之间产生矛盾，进而使大学生情感受挫。其实，无论是从父母的角度去看，还是从大学生的角度去看，有一点是非常重要的，就是要有一个正确的认知。父母可以期望孩子"有出息"，大学生也可以"志存高远"，但一定要有一个正确的认知，而不是不切实际，这样必然会导致理想与现实的冲突，进而引发种种矛盾。而针对大学生开展的幸福观教育，能够引导大学生去正确地认识自己，也能够让大学生认识到自身价值的实现有很多路径。在这种观念的影响下，大学生可以更加正确地看待自己，也能够以一种更加正确的态度和父母相处，并通过和父母的沟通使父母也能够正确地认识自己，进而避免亲情方面挫折的产生。

二是从大学生自身层面。虽然是从大学生自身层面出发，但其源头仍然是家庭。在此处，便需要引入一个概念——原生家庭，这是指个人出生后被抚养的家庭，是个体情感经验学习的最初场所。在这个环境中，个体开始最初的生理心理、情绪情感层面的学习。[1] 原生家庭对大学生的影响是深刻且长远的，包括积极的影响和消极的创伤，而亲情上的挫折显然来自消极的创

---

[1] 赵郝锐. 大学生的原生家庭与心理适应[M]. 银川：宁夏人民教育出版社，2018：7.

伤。就幸福观而言。原生家庭可以影响大学生的幸福观，而由于一些原生家庭存在种种问题，并在学生成长的过程中造成了比较严重的创伤，使得生活在这些家庭中的学生形成了病态的幸福观，这种病态的幸福观不仅会导致亲情上的挫折，甚至还会导致其他方面的挫折。针对大学生开展的幸福观教育虽然不会改变他们的原生家庭，但却可以改变其病态的幸福观，这对于大学生包括亲情方面的挫折应对无疑具有非常重要的意义。

（三）科学幸福观有助于大学生应对经济方面的挫折

大学生经济方面的挫折主要来源于病态的消费观，有些大学生不考虑自身的消费能力，总是追求物质消费带来的幸福感，但他们的家庭经济情况很难承受他们高额的消费，这就给他们带去了沉重的经济包袱，进而演变为经济方面的挫折。不可否认，物质是幸福的一个重要基础，但并不是全部，如果盲目追求物质所带来的幸福感，那这种幸福观就是错误的。而科学的幸福观强调的是物质幸福和精神幸福的辩证统一，而且也强调劳动和奋斗的重要性。针对大学生开展的幸福观教育有助于大学生形成科学的幸福观，并使大学生在科学幸福观的引导下形成正确的消费观，进而使大学生在合理的消费中杜绝经济挫折的出现。

第五节 大学生就业指导与幸福

就业作为大学生必须面对的一个现实问题，在很大程度上影响着学生的幸福感，进而影响学生科学幸福观的构建。因此，针对大学生的就业问题进行分析，并指导大学生就业，也成为大学生幸福观教育中不可忽视的一个方向。与此同时，科学幸福观的形成也有助于大学生更好地实现就业，尤其幸福观中的"奋斗幸福观"，强调的是大学生要通过不懈的奋斗实现自己的职业理想，这一理念对于指导大学生就业具有非常积极的作用。由此可见，科学幸福观与大学生就业也是相互促进的关系。

一、大学生就业与就业指导的概念

（一）大学生就业的概念

大学生作为社会群体中比较特殊的一个群体，因为和社会群体存在一定的差异，所以大学生就业也呈现出一些与社会群体就业不同的地方，而这也就使得大学生就业的含义存在一定的独特性。要了解大学生就业，首先需要了解什么是就业？就业是指具有劳动能力且有劳动愿望的人参加社会劳动，并获得相应的劳动报酬或经营收入。[1] 由此可见，就业有三个要素：一是有劳动能力的人；二是参与社会劳动；三是获得劳动报酬。显然，大学生就业满足上述三个要素，但与其他社会群体不同的是，大学生没有工作经验，他们大部分的时间都是在校学习，而就业则需要大学生完成从学生到工作者的转变。大学生就业就是即将完成或已经完成学业的大学生，根据国家的就业政策的规定，依据个人的意愿和能力，选择某些职业，并取得一定报酬或经济收入的一种活动。

（二）大学生就业指导的概念

就业是针对即将毕业或者已经毕业的大学生而言的，但其实要使大学生更好地实现就业，就需要在校学习的阶段便给予其一定的指导，让其更早地认知就业，并做好职业规划。由此可见，针对大学生就业指导概念的界定便不能仅仅局限在即将毕业或者已经毕业的大学生，而是要将视线聚焦在所有阶段的大学生。

针对就业指导而言，有广义和狭义之分。广义的就业指导包括预测要求就业的劳动力资源，掌握社会需求量，汇集传递就业信息，组织劳动力市场以及推荐、介绍、组织招聘等与就业有关的综合性社会服务活动。狭义的就业指导，则是指给要求就业的劳动者传递就业信息，做劳动者和用人单位沟通的桥梁。显然，大学生就业指导属于广义范围内的就业指导，即给大学生提供综合性指导。大学生就业指导的概念可做如下界定：大学生就业指导就是结合国家政策以及社会发展的需求，为大学生提供就业、择业相关的知识、

---

[1] 柳跃东，李建波. 职业发展与就业指导 [M]. 北京：冶金工业出版社，2014：113.

经验和技能，从而使大学生可以合理结合自身的特点以及专业特长选择适合自己的职业。

二、大学生就业认知对其幸福感的影响

对于大学生来说，他们一直在学校中学习和生活，对于就业的认知很少，但就业又是一个他们不得不面对的问题，尤其对于一些大三、大四的学生来说，更是会对就业充满了担忧，进而影响其幸福感，而幸福感作为幸福观构建中的一个要素，了解就业对大学生幸福感的影响，并对大学生进行就业指导，就成为大学生幸福观教育中的一项重要内容。具体而言，大学生就业认知对其幸福感的影响主要体现在如下几个方面。

（一）大学生就业观念认知对幸福感的影响

大学生就业指导中的一个要素就是要指导大学生"合理结合自身的特点以及专业特长选择适合自己的职业"，这样的就业观念才是正确的。当前大学生普遍存在就业期望值过高的特征，这种特征是大学生理想与现实存在较大差距的一种体现。作为大学生，应该具备崇高的理想，但应该结合自身实际，而且理想的实现是需要脚踏实地的，是需要实际行动的，所以在就业上，大学生切忌好高骛远，眼高手低，否则会因为理想与现实差距的过大而导致消极的情绪，进而影响幸福感的获得。

（二）大学生就业能力认知对幸福感的影响

能力是影响大学生就业的一个重要因素，虽然不同的职业对大学生能力的要求不同，但综合分析用人单位对能力的重视程度可知，有些能力是大部分用人单位非常重视的。目前，用人单位普遍比较重视的几种能力以及用人单位认为大学生比较欠缺的几种能力，并就其重视程度进行了排名，如表4-5所示。

表4-5 用人单位对大学生能力的看法排行

用人单位比较重视的几种能力排名	用人单位认为大学生欠缺的几种能力
①专业能力	①敬业精神
②敬业精神	②解决问题的能力
③学习能力	③抗压能力
④沟通协调能力	④沟通协调能力
⑤解决问题的能力	⑤学习能力

针对上述能力，大学生应有一定的认知，并在日常的学习中注重这些能力的培养。当然，并不是说大学生必须要以这些能力为中心，而是应该适度地向这些能力倾斜，这种提前的准备有助于帮助大学生缓解就业的压力，并提升就业的自信心，进而提升大学生的幸福感。

（三）大学生就业方向认知对幸福感的影响

大学生就业方向的选择在很大程度上影响着大学生今后的发展，所以在毕业时应谨慎选择就业的方向。在选择就业方向时，有两个主要因素是需要大学生考虑的：一是大学生所学专业，因为通过几年的专业学习，大学生已经掌握相关专业的基础知识，这些基础知识能支撑学生未来的发展；二是结合学生自身特征，如兴趣、特长等，这一点也非常重要，如果学生不喜欢自己所学的专业，便可以结合自身的兴趣或特长选择相应的职业。对就业方向的认知有助于大学生明晰自己的定位，避免出现眼高手低、好高骛远的现象，进而降低大学生的就业焦虑。

三、构建大学生就业指导体系

大学生就业认知在很大程度上影响着大学生的幸福感，并进一步影响着大学生科学幸福观的构建，因此，针对大学生就业，高校应制订大学生就业指导体系，让大学生对就业有更深入的认知，并掌握一定的就业知识、技巧与经验，进而使大学生在就业中更好地获得幸福。关于大学生就业指导体系的构建，笔者认为可以从就业指导观念、就业指导内容、就业指导模式、就业指导方式、就业指导队伍五个方面着手，这五个方面相互联系，共同构成了一个完整的体系，如图4-13所示。

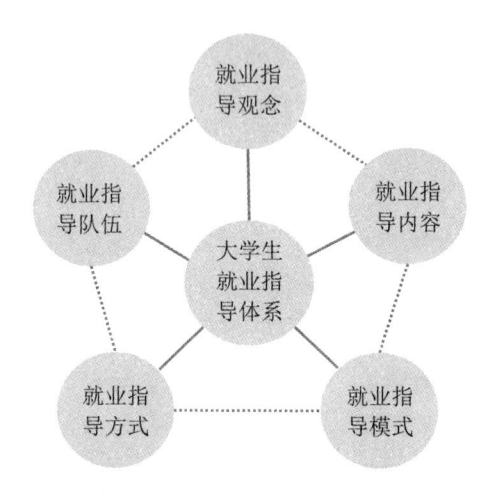

图4-13 大学生就业指导体系

（一）注重就业指导观念

观念是行动的先导，教师具备怎样的观念，便可能形成怎样的教学行为，所以大学生就业指导体系构建的基础就是要注重教师就业指导观念的构建。在现代教育理念的指导下，教师应树立以人为本和多样化的教育理念。

1. 以人为本的教育观念

以人为本的教育理念就是把学生作为教育的出发点和落脚点，这是一种科学的教育观念，也是一种具有普适性的教育观念。具体到大学生就业指导上，以人为本的教育观念主要体现在两个方面。一方面，体现在对大学生就业选择的尊重上，虽然就业指导是教师结合就业政策给予大学生就业技能、就业知识等方面的指导，但最终的就业选择还是学生自主决定，所以教师不能干预、干涉学生的就业选择，应尊重学生的兴趣、性格、能力等特点。当然，如果教师发现大学生在就业选择上存在偏差，可以给予指导或意见，但切记为学生做决定。另一方面，体现在对大学生系统的就业咨询上。有些大学生对于就业存在较强的迷茫感,这些迷茫感很难排解,这时就需要专业的教师为大学生提供就业咨询服务,了解大学生迷茫感产生的原因,然后针对性地解决问题,并帮助大学生重新树立就业的自信心。

2. 多样化的教育观念

多样化的教育观念主要体现在两个方面。一方面,体现在教育标准的多样化。在现代社会,人们的价值取向变得愈加多元,社会对人才的需求也变得愈加多元,所以在人才培养上,单一的教育标准已经不能满足时代发展的需求。因此,在大学生就业指导上,教师切记制订单一的教育标准,而是要结合学生实际制订多元的标准。另一方面,体现在教育方法、教育手段的多样化,因为人才培养的标准是多样的,而且单一的教学方法也容易降低大学生学习的积极性,因此,采取多样的教学方法和教学手段也是非常有必要的。

(二)完善就业指导内容

针对大学生的就业指导应涵盖多方面的内容,包括就业政策指导、就业观指导、就业心理指导、就业技巧指导和创业指导,这样的就业指导内容才是完善的。

1. 就业政策指导

就业政策在宏观上指导着大学生的就业,这也是很多大学生非常关心的一项内容,所以在就业指导中,教师需要为学生讲述就业政策相关的内容,如就业的方针、就业的有关规定、就业的实施办法等。为了避免出现误导大学生的情况,教师需要吃透就业政策,然后将这些政策以简单易懂的方式传达给学生。

2. 就业观指导

就业观影响着大学生的幸福感,这也是影响大学生就业的一个关键因素,所以对大学生进行就业观教育至关重要。在就业观教育中,教师应结合学生的发展特点,让学生合理地、科学地认识自己,从而正确地选择就业的方向和目标。另外,教师还需要结合时代特征,为学生传递符合时代特征的就业观,如艰苦奋斗的就业观。习近平总书记多次提到,当前的时代需要奋斗,这是获得幸福的一个重要途径。对于大学生来说,就业仅仅是实现其理想的一个开端，在就业后还需要不懈地奋斗，这才是实现理想的路径，而不是眼高手低，坐享其成。

3. 就业心理指导

随着就业竞争日趋激烈，大学生就业心理问题也逐渐凸显，这不仅影响着大学生身心的健康发展，更影响着大学生幸福感的活动。因此，需要教师结合心理学的相关知识与方法，针对大学生开展就业心理上的指导。其实，大学生之所以会产生就业上的心理问题，一个重要的原因就是理想与现实的差距过大，针对这一点，教师应引导学生学会面对现实，并从现实出发，处理好现实与理想的关系，同时以奋斗幸福观为指导，引导学生通过奋斗去实现理想，而非好高骛远，自怨自艾。

4. 就业技巧指导

就业技巧具有很强的实用性，在保证大学生求职成功上具有重要的意义。求职技巧的指导主要包含两个方面：一是面试技巧，二是礼仪技巧。面试在求职中占具着非常重要的地位，除了专业知识外，如果大学生还能够掌握一些面试的技巧，将自己的优点全面地展示出来，那么会大大提高大学生面试的成功率。除了面试技巧外，礼仪技巧也非常重要，因为礼仪是大学生传递给面试官的第一印象，同时也直观地体现着大学生的涵养。相较于面试技巧而言，礼仪技巧虽然重要性较多，但更加直观，所以同样需要大学生掌握。当然，技巧只起到辅助性的作用，关键还是要看大学生的综合素养，大学生切忌舍本逐末，只注重技巧的练习，而忽视了能力的提升。

5. 创业指导

如果从广义的角度去看，创业其实也是就业的一种形式，尤其在提倡"大众创业"的今天，创业也是大学生可以选择的一个就业方向。当代大学生大多有着崇高的理想，他们也期望通过创业去实现自己的理想，只是由于对创业相关的知识知之甚少，所以很多时候创业的想法仅停留在了想象的层面。基于这一现状，在大学生就业指导中，教师可以为大学生进行创业上的指导，包括对创业知识和创业精神的指导。新时代赋予了大学生新的使命和责任，大学生需要探索新的方式投入社会主义事业建设中，而创业无疑是一个可以尝试的方向。当然，创业之路虽然充满着机会，但同时也遍布荆棘，不仅需要学生具备专业的知识和素养,而且还需要具备顽强拼搏的精神,这就需要大学生做好充足的思想和心理准备,不能头脑一热就选择创业,否则很容易迷失在创业之路上,进而迷失了人生的方向。

(三)构建全程化的就业指导模式

针对大学生的就业指导并不是一蹴而就的,而是一项系统的工程,所以教育工作者应构建全程化的教育指导模式,即将就业指导贯穿大学生的整个学习阶段。有些高校将就业指导安排在大学生即将毕业的阶段,这种安排所取得的效果并不是十分理想,因为从发展心理学的角度去看,大学生就业观的构建是一个渐进的过程,很难在短期内完成,所以高校应将就业指导贯穿大学生学习的全过程,并结合不同阶段大学生不同的特点去制订不同的培养计划。

第一阶段:第一阶段主要是针对大一学生而言,该阶段学生就业指导的目标是帮助学生认知、制订目标。对于大一新生来说,刚刚来到一个全新的环境,容易产生迷茫之感,找不到目标和方向,此时便需要教师予以一定的指导,帮助学生制订生涯发展规划,从而尽快找到正确的人生定位和奋斗的方向。

第二阶段:第二阶段主要是针对大二和大三学生而言,该阶段的学生对环境已经基本适应,也基本确立了奋斗的方向,所以该阶段的就业指导教师应侧重就业观念、就业心理、就业技巧等方面的指导,从而提升学生就业相关的综合素养。

第三阶段:第三阶段主要是针对毕业阶段的学生,这个阶段的学生即将毕业,所以就业指导应侧重于就业政策、就业形势等方面的指导,同时进一步加强就业技能上的指导,并帮助学生调整就业心理,从而使学生以一个比较良好的心态实现比较理想的就业。

(四)探索网络化的就业指导方式

如今,网络已广泛应用到高校教育之中,其对教育效率的提升发挥了积极的作用,所以在就业指导中,教师也应该充分利用网络,积极探索网络化的就业指导方式。当然,要实现网络化的就业指导,就需要高校构建优质的网络系统。网络系统的构建主要包括三个方面。

第一，建设丰富的信息网络系统，在该网络系统中，应包括就业政策、就业心理、职业生涯规划、个人求职、用人单位信息、职业测评等内容，能够满足大学生对就业相关信息的需求。

第二，建设信息网络管理平台，该平台可同时供大学生、院系、用人单位共同使用。大学生可在平台上上传自己的相关信息，用人单位可上传自己的招聘信息，双方可根据自己的需要进行选择。

第三，建设网络授课平台，可以将平时的授课内容制作成视频，然后将课程上传到平台上，大学生可以随时到该平台上观看相应的课程。网络授课平台的建设为大学生的自主学习提供了机会，大学生可以结合自身需求随时到平台上进行学习，从而对大学生的就业指导实现线上线下的有机集合。

总之，在教育信息化的大趋势下，大学生的就业指导也需要顺应该趋势，积极探索网络化的就业指导方式，从而借助网络这一东风提高就业指导的效率。

（五）建立专业的就业指导队伍

教师队伍是就业指导中的核心力量，教师队伍的专业与否在很大程度上影响着就业指导的质量，因此，大学生就业指导体系的构建不能忽视就业指导队伍的建设。关于就业指导队伍建设，主要由两个部分组成：一是校内教师队伍，二是校外专业人士队伍。

首先，是校内教师队伍建设，这是就业指导专业队伍建设的关键，因为校内就业指导课程的开设主要依靠校内的教师。当然，要建设一批专业的就业指导师资队伍并非一件易事，因为很多高校就业指导教师都是由思政课教师担任，这些教师对大学生的思想动态比较了解，也具有一定的理论知识基础，但就专业性而言还稍稍有所欠缺，所以还需要这些教师加强专业知识的学习，而这就需要一个较长的时间过程。

其次，是校外专业人士队伍的建设，这是对校内教师队伍的补充，也是就业指导队伍中的重要力量。校外专业认识队伍主要由企业的管理者组成，他们虽然在就业相关理论知识上的认知较少，但却对市场形势有着深入的认知，而且也能够从实践的角度去指导大学生。因此，高校还应该邀请一些企业的管理者，组建校外就业指导队伍，从而和校内的教师队伍共同组建成一支专业化的就业指导队伍。

总之,就业作为大学生必须面对的一个问题,对就业的认知也影响着学生幸福感的获得,尤其在就业竞争日趋激烈的今天,由就业导致的心理焦虑在大学生群体中越来越普遍,这种焦虑会影响大学生科学幸福观的构建。因此,针对大学生的就业问题进行积极的指导,并引导大学生构建正确的就业观,也成为当前时代下大学生幸福观教育的一项重要内容。

四、科学幸福观的构建有助于大学生实现更好的就业

科学幸福观对于引导大学生的就业具有非常积极的作用,其中,"奋斗幸福观"的引导作用最为凸显。"奋斗幸福观"是对多年奋斗的探索和实践的总结,是对社会大众和个体生命意义的终极追问和回答,具有激发动力、引发共鸣和提供指导与引领的作用,既适用于个体的幸福追求,也适用于社会的幸福追求,同时也能够给予大学生正确的就业思想指导。具体而言,"奋斗幸福感"对大学生就业的指导意义主要体现在如下两个方面。

(一)"奋斗幸福观"能够引导大学生职业选择的方向

根据舒伯的生涯发展理论可知,15~24岁是整个职业发展生涯的探索期,大学生便处于这个阶段,而该阶段的职业选择在很大程度上影响着大学生整个职业生涯的发展。根据麦可斯发布的《2019年中国大学生就业报告》显示:2018届大学毕业生半年内的离职率为33%,"个人发展空间不够""薪资福利偏低"是两个重要的离职原因。

如此高的离职率,说明很多大学生在初次就业时,便没有做出科学的职业规划和选择,这显然不利于职业的稳定。而对薪资的过分关注,表明大学生的个人价值观未能厘清,在职业追求上过分关注物质上的满足。不可否认,物质是幸福的基础,但个人幸福以及价值观的实现并不仅仅依靠物质,而且个人的幸福与社会幸福也是紧密联系的,如果仅仅关注个人的物质幸福,这无疑会影响大学生的职业选择。

"奋斗幸福观"具有丰富的内涵,强调要将个人幸福与社会整体幸福结合,终极目标是实现全体人民的幸福,个人则在创造幸福的过程中实现自我价值,感受到长久的精神满足。每个人都是社会中的一员,这决定着个人幸

福无法完全脱离社会幸福而存在，同时，社会的发展也是个人幸福实现的基础。由此可见，大学生既是自我幸福的创造者，也是社会整体幸福的推动者，而社会整体幸福感的提升推动了个人幸福感的体验。"奋斗幸福观"所具有的丰富内涵能够引领处于价值观多元化且正在经历职业探索的大学生对个体职业生涯进行反思与追问，从而使大学生做出更加正确的职业选择。

（二）"奋斗幸福观"能够引导大学生实现职业目标的正确途径

"奋斗幸福观"能够引导大学生走向实现职业目标的正确途径，具体体现在如下三个方面。

首先，奋斗是职业目标实现的有效方式。对于大学生来说，学习是一个奋斗的过程，就业也是一个奋斗的过程，创业更是一个奋斗的过程。其实，无论学习、就业还是创业，其路途都不可能是完全平坦的，需要大学生发挥其主观能动性，并以一种坚持不懈、努力奋斗的精神去时刻砥砺自己，从而在不断的成长中，迈向自己的职业目标，最终实现期待的幸福生活。因此，用"奋斗幸福观"引导大学生就业，有助于大学生发挥其奋斗精神，最终用自己的奋斗实现自己的职业目标。

其次，奋斗是幸福的重要基础。奋斗是一种有目的、有意识的实践活动，它为人们美好生活目标的实现提供了可能，是人们达成幸福的最基本的基础。的确，在奋斗的过程中，大学生可以形成坚韧不拔、积极向上的优良品质，这些优良品质是大学生重要的精神财富，同时也是整个社会的精神财富。由此可见，用"奋斗幸福观"指引大学生就业，有助于大学生从更广泛的社会层面考虑个人的就业问题，在就业过程中突破狭隘的个人主义、利己主义价值观，将个人所需和社会所需结合，进而实现更高层次的就业。

最后，奋斗是一个持续的过程，而且在奋斗的过程人们能够不断获得满足，这种满足会持续驱使人们继续奋斗，直到实现自己的目标。通过奋斗获得的满足不是短暂的满足，也不是单纯的物质上的满足，而是一种包含着精神满足的持续性的满足。这一点体现到大学生就业上，就是"奋斗幸福观"对大学生的就业引导不是简单地解决暂时就业的问题，而是引导大学生走上一条持续发展的职业道路，并时刻引导大学生为了职业目标的实现而不断奋斗。

总之，只有奋斗的人生才是幸福的人生，用"奋斗幸福观"引导大学生就业，其本质就是要引导大学生树立正确的就业观，并指导其不断地奋斗去实现个人职业目标，实现个人的价值。

第五章　遵原探法：大学生幸福观教育的原则与方法

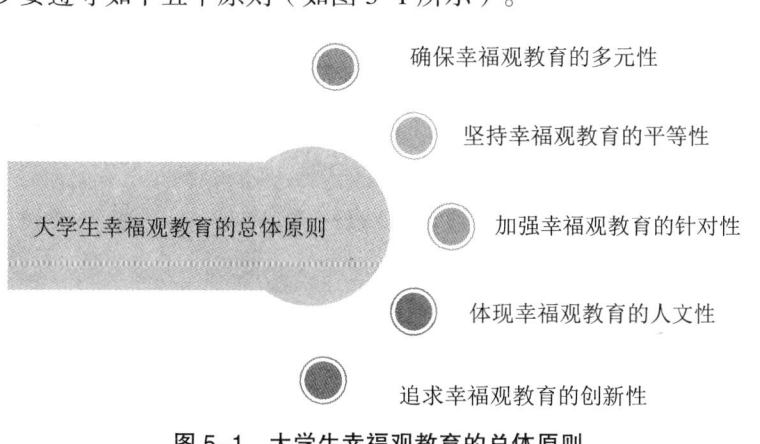

第一节　大学生幸福观教育的总体原则

所谓大学生幸福观教育的原则，是指在对大学生进行幸福观教育过程中应遵守的法则，这些法则从一定程度上反映了幸福观教育的规律，遵守这些法则，可以提升教师幸福观教育的效率。针对大学生这一群体，在幸福观教育中至少要遵守如下五个原则（如图 5-1 所示）。

大学生幸福观教育的总体原则
- 确保幸福观教育的多元性
- 坚持幸福观教育的平等性
- 加强幸福观教育的针对性
- 体现幸福观教育的人文性
- 追求幸福观教育的创新性

图 5-1　大学生幸福观教育的总体原则

一、确保幸福观教育的多元性

大学生幸福观教育的多元性主要包含三个方面：一是教育的主体，即要确保多元的教育主体；二是教育的内容，即要确保多元的教育内容；三是指导理论，即要确保多元的指导理论。

（一）多元的教育主体

谈及大学生的幸福观教育，很多人想到的一个主体就是学校。无论是知识教育，还是能力教育，抑或是幸福观教育，学校都是一个重要的主体，但除了学校之外，社会和学生家庭也是不可或缺的两个主体，他们同样发挥着重要的作用。的确，社会、家庭和学校的联合教育，是确保大学生幸福观教育顺利实施的关键，是提升大学生幸福观教学质量和效果的有效途径。虽然大学生生活和学习的大部分时间都在校园，但其与家庭和社会之间始终保持着密切的联系。在日常教学中，学校应主动加强与社会和家庭之间的沟通和交流，制订健全的教育教学计划。学校应明确告知家长其在大学生教育中肩负的责任和义务，并为家长提供相应的幸福观教育指导，使家长能够了解自身教育的重要性，并能够按照学校建议引导学生构建正确的幸福观。各班级辅导员同样应肩负起协调和沟通的责任，利用微信群、微博等途径与家长交流，及时解答家长有关幸福观教育的疑问。另外，全社会都应当加强对幸福观的讲解和宣传，网络媒体应积极承担起教育责任，强化对大学生的思想引导，更好地发挥其对社会道德风尚和思想的引领作用。

（二）多元的教育内容

在理论教学的基础上，大学生幸福观教育还必须积极开展实践教学和体验教学，使大学生能够切身感受到幸福，以真正提升幸福观教育质量。理论与实践相统一是马克思主义的基本原则，对于幸福观教育而言同样如此。实践是检验真理的唯一标准。教育工作者必须摒弃传统的灌输式教育，在幸福观教育中尝试实践教学和体验教学，培养大学生的学习积极性和主动性，使大学生能够实际感受到幸福并调动大学生追求幸福的主动性。在日常教学中，教师应构建详细的幸福观教育计划，丰富幸福观教学内容，精心设计幸福观教育场景。教师可以采用团队拓展活动等方式，使学生在团队协作过程中体会到胜利和成功的喜悦，以培养学生的集体主义幸福观。教师也可以联系各类企业和机构，组织学生参加各种实践活动，使学生真正懂得付出与回报之间的关系，以激发学生积极创造幸福的动力。除了理论和实践性的教育内容外，幸福观教育的内容还需要拓展到其他的一些负面，包括大学生情绪的调控、大学生人格的养成、大学生良好人际关系的建立、大学生挫折的应对以及大学生就业的指导等，这些对于大学生正确幸福观的构建也发挥着至关重要的作用。

（三）多元的指导理论

1. 以马克思主义幸福观为理论指导

马克思曾在青年时期有过对青年幸福的基本思考，他认为幸福是人在利益追求获得满足后的心理体验，以及由此而产生的自我认同，由此可见马克思认为幸福是人的先天诉求，同时马克思也指出幸福不仅仅限于物质利益的满足，幸福是人本质发展的基本力量，这种力量体现为自主自觉地从事创造性劳动，当这种力量转化为价值时才能够有效实现对幸福的基本诉求。此外，马克思也指出，在现实社会中人对于幸福的追求是普遍性的，这种追求的满足不能与社会共同追求背离，这样会导致个体幸福满足标准不确定，即便个体幸福被模糊满足后也无法得到有效验证，难以形成足够的自我认同甚至可能引发社会个体之间的严重矛盾，所以个体幸福和集体幸福在本质上是高度统一。由此可以总结马克思对于幸福的基本认知有三个层面：一是满足和自我认同，二是为实现幸福的自主奋斗，三是个体幸福与集体幸福高度统一。[①] 上述三个层面的认知对于指导当前大学生的幸福观教育具有重要的意义。

2. 新时代中国特色主义社会幸福观

新时代中国特色社会主义幸福观以人民幸福为基本立场，将"实现人民幸福"作为党和国家的重要使命。习近平总书记在党的十九大报告中具体地描述了这一使命，即"为人民谋幸福，为民族谋复兴"，并指出实现人民幸福的根本方法是"解决人民的幸福、归属和满足三方面的诉求"。从党和国

---

① 胡玲.马克思主义幸福观的当代启示[J].人民论坛，2019（33）：102-103.

家、人民与民族发展的角度来看，党在践行为人民谋幸福的实践中不断完善和改进自身的领导能力，积极满足人民对美好生活的渴望和期待，维护人民群众的根本利益并提升其对国家和民族的归属感。这是从宏观方面对新时代中国特色社会主义幸福观的论述，而具体到个人的微观层面，新时代中国特色社会主义幸福观强调以奋斗为根本的幸福观。习近平总书记多次提到，"幸福都是奋斗出来的，奋斗本身就是一种幸福，只有奋斗的人生才称得上是幸福的人生"[①]。在以人民幸福为目标的社会发展中，人民群众需要通过奋斗来创造价值，推动社会整体价值创造水平的提升，以此为新时代国家和人民发展注入长久动力，使人民群众更快地创造并享受幸福。对于大学生来说，奋斗是实现其理想的必要条件，所以教师同样应该以奋斗观为指导，去引导学生为了其所追求的幸福而去不懈奋斗。

3. 以中华优秀传统文化为理论指导

新时代中国特色社会主义幸福观继承了中华优秀传统文化中的先进思想，而这类思想是中国文化发展的精髓所在。例如，"一切为民者，则民向往之"充分强调了中国共产党为人民服务的基本思想，这实际上也是中国传统历史发展过程中治国安民的传统理念，孟子的"乐民之乐者，民亦乐其乐；忧民之忧者，民亦忧其忧"的论述可以阐释为政爱民理念的必要性；人和政通理念则说明了为了人民幸福而奋斗是构建团结社会的基本条件，也是推动中国共同发展与奋斗的基本前提。新时代中国特色社会主义幸福观继承了仁爱万物、天人合一的生态幸福思想，其本质上强调了人与自然的关系，并尊重和爱物自然。中国历史源远流长，中华文化博大精深，为人类文明进步与发展做出了巨大贡献，在中华文化中蕴含着对幸福的思考，形成凝聚人民力量的精神纽带，在人们追求幸福过程中传递不竭的精神动力。大力弘扬中华优秀传统文化与民族精神，使幸福观得到最大的凝聚，为践行中国特色社会主义幸福观注入更为强大的精神助力，从而树立更为科学、正确的幸福理念，探寻获取人生幸福的途径与方法。

---

① 习近平．习近平在 2018 年春节团拜会上的讲话 [N]．四川日报．2018-02-15（002）．

二、坚持幸福观教育的平等性

所谓幸福观教育的平等性，就是要正确看待学生在教育中的作用，将学生放到与教师平等的位置上，从而在师生的共同作用下提高幸福观教育的效率。具体而言，大学生幸福观教育的平等性主要体现在两个方面：一是要尊重学生的差异性；二是要发挥学生的主体性。

（一）尊重学生的差异性

大学里的学生来自不同的地方，每个人的爱好、性格、价值观念等都可能存在差异，这种差异是教师必须要考虑的。因为幸福观具有一定的主观性，而个体性格、爱好、价值观等都可能会影响学生对幸福的认知，因此，在大学生的幸福观教育中，教师不能对学生的幸福观界定一个严格的标准，这显然是不符合教育规律的。教师"应立足于尊重个体生命，关注个体生命的生存事实……而不是简单地用一种声音取代大家的声音"[1]。当然，对学生差异性的尊重并不是任由学生构建自己认为正确的幸福观，因为有些大学生的认知可能存在错误，如果任由学生自己构建幸福观，可能会导致学生走上歪路，因此，还需要教师对学生的正确引导。

（二）发挥学生的主体性

现代教育理念强调学生主体作用的发挥，因为学生不是一个只知道接受知识的机器，而是有思想、有意识的独立的个体，教师的教育应充分发挥学生的主体性，将学生看作是教育中不可或缺的一分子，让学生时刻处于"有我"的状态之中。其实，教学本身就是"教"与"学"的结合，只有教师的"教"，没有学生的"学"，自然不是完整的教学，其效果也自然不会理想。因此，在幸福观教育中，教师应将学生看作是教育的一个主体，在教师的指导下，让学生自主的体验幸福的含义，形成对幸福的独立思考和认知。

要发挥学生的主体性，教师首先要重视大学生的主体意识教育。新时代幸福观教育既要让大学生意识到幸福是存在动力，也要让大学生意识到幸福

---

[1] 刘铁芳. 生命与教化：现代性道德教化问题审理[M]. 长沙：湖南大学出版社，2004：278.

是个人学习和发展的基本目标,这样才能促使大学生真正产生通过劳动实践和奋斗来追求与实现幸福的动力。这需要高校在幸福观教育中给予大学生足够的主体地位,教师应当积极引导大学生去深入思考幸福在个人人生规划中的地位,例如引导大学生基于学业、职业发展的目标来思考自己在更高层次的理想与人生追求,使其逐步认清努力学习和钻研奋斗对于个人能力发展以及对个人未来职业岗位上的价值实现的重要意义,从而使其形成内在的主动追求幸福的意愿。

其次,教师还可以采取对话式的教学方式,即在教学中积极与学生进行对话,倾听学生的想法,然后与学生展开交流,从而实现师生间精神的相通。在与学生对话的过程中,教师需要做到如下几点:尊重彼此的观点;尊重彼此的传统习俗或"经历";言论、信仰和行动的自由;共同决定对话的形式;关心具体的生活经验;通过具体行动(实践)验证。[①]对话式教学是彰显师生平等性的一种方式,在这种平等的氛围中,学生能够感受到教师对自己的尊重,也能够积极发表自己的见解和看法,从而促使幸福观教育和大学生幸福渴求形成"共振",进而提高幸福观教育的效益。

三、加强幸福观教育的针对性

教育应做到因材施教,有针对性地开展工作,这样才能使教育的效益最大化。在大学生幸福观教育中,教育的针对性主要体现在三个方面:针对大学生幸福观的特点因材施教、针对大学生的个性特点因势利导、针对大学生所处的环境有的放矢。

(一)针对大学生幸福观的特点因材施教

就幸福观的问题针对本校部分学生进行过调查(调查问卷具体内容见附录一),从总体上来看,当代大学生幸福观是健康积极的。当然,学生们在幸福观上也存在一些问题,而且不同学校、不同专业、不同年级学生的幸福观也存在一定的差异,所以在对大学生开展幸福观教育时,教师应结合大学

---

① 贝克.学会过美好生活:人的价值世界[M].詹万生.译.北京:中央编译出版社,1997:124.

生幸福观教育的特点因材施教。比如，调查问卷的结果显示，很多学生能够认识到个人幸福与社会（国家）幸福的紧密联系，但在具体认识上却比较模糊，不能很清晰地说出其中的原因。针对这一问题，教师就需要为学生深入剖析个人幸福与社会（国家）幸福的关系，并引导学生将个人幸福的追求与社会（国家）幸福的实现结合起来。

（二）针对大学生的个性特点因势利导

每个阶段的学生都有一些普遍的特点，大学阶段的学生身心发展已经普遍比较成熟，其个性特点主要表现为自主意识强烈、有责任感等。教师在开展幸福观教育时，可结合大学生普遍存在的个体特点设计教育方式。当然，在存在一些普遍性个性特点的基础上，每个大学生还存在一些独有的个性特点，这也是教师必须重视的。因此，教师还需要对每个学生的个性特点进行一定的了解，然后采取差异性的教育方式。所谓差异性教育，就是指针对整个班集体中的所有学生，教师要具体考虑每个学生的个体差异，设计具体的教学方案，以促进学生在原有基础上得到充分发展、实现自主学习的教学模式。[①]就大学阶段的幸福观教育而言，由于大学生普遍具有较强的自主意识，而且现代教育也强调学生主体性的发挥，所以教师在采取差异性教育时应进行适当的调整，即给予学生较强的自主性，让学生针对幸福观进行自主性的思考，然后教师针对学生的具体情况因势利导，从而在尊重学生主体性的基础上实现差异性的幸福观教育。

（三）针对大学生所处的时代环境有的放矢

就幸福的本质来看，不同时代下的幸福观其实大同小异，但由于经济、文化发展的不同以及人们思想观念的变化，不同时代下强调的幸福观也存在一定的差异。在当前的时代，劳动实践和奋斗被认为是实现幸福的必然条件，因此，针对大学生的幸福观教育也要强调这两点。其实，从某种意义上来说，奋斗本身就是一种幸福，而劳动实践是奋斗的一种表现形式。当然，要想让大学生对此形成正确的认识，应同时加强理论教育和实践教育，积极组织学

---

① 王海艳. 差异性教学策略研究与探索[J]. 中小学教学研究，2016（7）：59-61.

生开展个人创新、创业等奋斗实践，使大学生在踏入社会前先通过幸福本身来收获幸福体验，这样才能更好地避免其在未来学习和发展中出现幸福观偏差发展的情况。

四、体现幸福观教育的人文性

所谓人文，就是指追求健康与进步，坚守道义和责任，向往真善美的文化，就是尊重人权与个性，维护自由与平等，重视人、尊重人、关心人、爱护人以及爱护和关心人类的文化。人文世界就是重视终极关怀，高扬人的价值，追求人的自身完善和理想实现的世界。所以，人文性也是侧重于从人所生活的人文世界、精神世界出发，基于人对生活的感受和感悟来抒发和畅怀，符合人们求善和求美的追求。①由对人文的解读可知，幸福观教育的人文性就是要对大学生充满人文关怀，并尊重大学生的个性选择。其实，幸福观教育本身就是一种涉及人的精神世界的一种人文活动，所以体现其人文性，才符合幸福观教育的规律。

（一）对大学生充满人文关怀

人文关怀的本质是人性关怀，表现为对人的尊重，对人精神的重视。在大学生幸福观教育中，"幸福"是目的，而"人"是核心，教师不能本末倒置，为了追求"幸福"，而忽视了"人"。因此，教师应体现出对学生的人文关怀，关心大学生的需求（主要体现在精神需求上），同时尊重大学生的需求，从而为学生营造一个良好的氛围和环境。虽然和中学阶段相比，大学生在身心发展上更加成熟，但由于大学处在一个新的阶段，学生需要面对很多新的问题，这些问题常常会转化为压力，所以大学阶段的学生同样需要教师的关怀。关于教育，著名教育家巴特尔说过："教师的爱是滴滴甘露，即使枯萎的心灵也能苏醒；教师的爱是融融春风，即使冰冻了的感情也会消融。"②由此可见，爱是教育的催化剂，也是教育的润滑剂，在面对学生时，教师应始终充满人文关怀，以爱育人，这样更容易赢得学生的信任，并从学生那里

---

① 梅萍. 当代大学生生命价值观教育研究 [M]. 北京：中国社会科学出版社，2009：201.
② 翟娟. 用爱呵护心灵的成长 [J]. 当代教育家，2021（1）：71-72.

得到学生回馈的爱，进而在融洽的师生关系中提高教育的实效性。

（二）尊重大学生的个性选择

当前大学生具备较强的自主意识，而幸福观又具有一定的主观性，所以大学生对幸福观的认识和选择也或多或少地存在一定的主观性。其实，每个人对幸福的理解和认识都是不同的，我们很难对幸福定性，也很难对幸福进行定量的分析，所以自然也不能对幸福界定一个统一的标准，如果教师强行统一幸福的标准，这不仅违背了幸福观形成的规律，更禁锢了学生的思维和追求，甚至会扼杀学生理解、感受和创造幸福的能力。在前面对人文性进行解读的时候已经指出，人文性的一个核心就是尊重人权与个性，所以面对学生对于幸福观的个性选择（只要该幸福观是正确的，即有利于个人的发展且无害于他人的发展），教师应表现出充分的尊重，并为学生创造一定的条件，从而更好地引导学生去追去自己想要的幸福。

五、追求幸福观教育的创新性

随着社会时代的发展，教育要不要创新？答案当然是肯定的。纵观世界各国，教育创新已然不再是口号，而是现实。幸福观教育作为教育中的一部分，应该面向现实、面向世界、面向未来，积极推进教育创新的进程。具体来说，大学身幸福观教育的创新性主要体现在三个方面：教育理念的创新、教育内容的创新、教学方法的创新。

（一）教育理念的创新

理念是行为的先导，从某种意义上来说，教师的教育行为是其教育理念的外显，即教师具有怎样的教育理念，便会形成怎样的教育行为。如今，随着世界各国教育创新进程的不断推进，一些新的教育理念逐渐呈现在世人眼前，有些新的教育理念具有普世性，即适用于我国的国情，而且能够用于指导大学生幸福观教育。

例如，联合国教科文组织于在2021年11月11日的会议上面向全球发布了《共同重新构想我们的未来：一种新的教育社会契约》的报告（以下简称《报告》），探讨和展望了面向未来乃至2050年的教育"报告"指出，当前的教育需要继承优秀教育传统，革新教育教学模式，强调生态、跨文化和跨学科学习，支持学生获取和生产知识，同时培养他们批判和应用知识的能力；重新构想学校，以推动世界更好地向更加公正、公平和可持续的未来转型；保证人类享有和扩大终身教育，及其在不同文化和社会空间中受教育的机会。其中，生态、跨文化和跨学科学习的理念对于指导幸福观教育便具有非常积极的意义，即幸福观教育应渗透到各学科之中，并形成一个系统或生态，这样无疑能够起到更好的效果。

（二）教育内容的创新

大学生幸福观教育的内容可谓非常丰富，这些内容虽然能够满足大学生的幸福观教育，但还需要教师结合时代发展对教育内容进行创新，这样才有助于学生形成与时代相匹配的幸福观。比如，奋斗幸福观作为一种全新的幸福观，教师应深入剖析其内涵，并将其融入大学生幸福观的教育之中。奋斗的过程和结果都是幸福的基本构件，虽然奋斗的过程是艰辛、长期和曲折的，但也正是由于这种特殊的过程体验为人创造了改变、成长和发展的机会，这种变化带来的喜悦感是实现幸福的基本条件与路径。奋斗不是简单的努力，而是以明确的目标、正确的方法、不畏艰险的决心和个人的努力来实现目标的过程。因此，在大学生幸福观培育中，不仅要指导其努力奋斗，更要使其认识奋斗的本质，使当代大学生消除惰怠、畏惧、依赖等心理，掌握正确的奋斗方法，形成内在的奋斗决心，在此基础上在对其开展奋斗与幸福关系的教育，这样才能让大学生正确地理解奋斗并投入"以奋斗创造幸福"的实践中，避免其因遭遇挫折而放弃奋斗、丧失获得幸福的机会。

在大学生幸福观教育中，很多方法都能够起到不错的效果，但在此基础上进行适当的创新也是非常有必要的。

第二节 大学生幸福观教育的基本方法

所谓方法，就是指人们为了认识世界和改造世界，达到一定目的所采用的活动方式、程序和手段的总和。[①] 大学生幸福观教育的目的是为了引导学生构建正确的幸福观，从而让学生学会认识幸福、感受幸福和创造幸福，而大学生幸福观教育的基本方法就是为了实现这一目的而采取的活动方式、程序和手段的总和。大学生幸福观教育是一项系统的工程，各方法之间虽然存在一定的差异，但并不是相互割裂的，而是相互支持的、相互联系，甚至是彼此交叉渗透的，他们共同构成了大学生幸福观教育的方法体系，如图5-2所示。

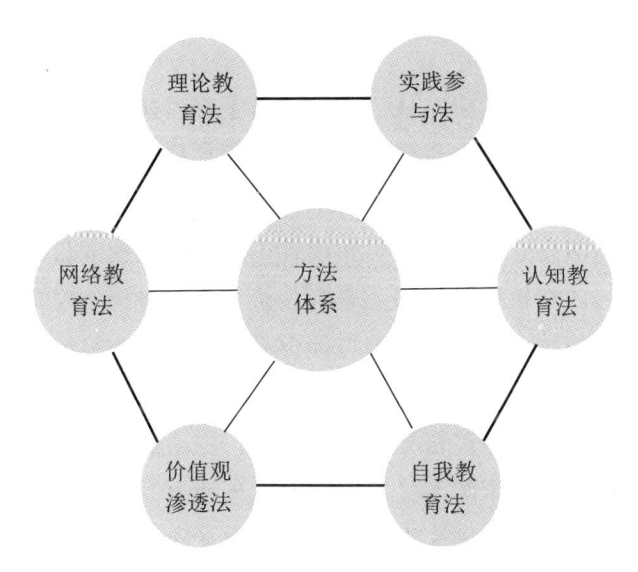

图 5-2 大学生幸福观教育的基本方法

一、理论教育法

理论教育法是教育者与受教育者有目的、有计划地进行理论学习、培训、教育，树立正确世界观、人生观、价值观的教育方法。[②] 在教育中，理论教育法是常用的方法之一，因为理论是基础，也是先导，缺少了理论教育，其他教育方法也便缺少了实施的根基。在大学生幸福观教育中，理论教育就是系统地向大学生传授幸福观相关的知识理论，这对于大学生构建正确的幸福

---

① 陈万柏，张耀灿. 思想政治教育学原理 [M]. 武汉：华中师范大学出版社，2009：181.
② 郑永廷. 思想政治教育方法论 [M]. 修订版. 北京：高等教育出版社，2010：128.

143

观具有积极的指导作用。在运用理论教育法时，为了达到预期的效果，在实施时应注意如下两点。

（一）注重理论的科学性

理论教育法的重心在理论，理论的科学与否在很大程度上影响着教育的效果，所以在理论教育法中，首先要注重理论的科学性。关于理论的科学性，主要从两个方面做出考虑：一是理论本身是否是科学的，二是对理论进行科学的扬弃。

1. 理论本身是科学的

关于幸福的理论有很多，从当前的视角去看，这些理论有些是科学的，有些是不科学的。比如，马克思主义幸福观便是科学的理论，马克思从全人类生活实践的角度出发，对人类经历的苦难予以高度关注，以为人民消除苦难、追求幸福为出发点，将全人类实现真正幸福作为根本目标，并对人们追求幸福的本质与内在价值进行深入思考，认为应该坚持主观与客观相统一、物质与精神生活相统一、个人幸福与社会幸福相统一，将社会主义幸福观与其他幸福观的区别充分体现出来。再如，习近平同志提出的奋斗幸福观也是科学的，人民群众需要通过奋斗来创造价值，推动社会整体价值创造水平的提升，以此为新时代国家和人民发展注入长久动力，使人民群众更快地创造并享受幸福。而西方一些国家提倡的"享乐主义"显然是错误的幸福观。不可否认，享乐确实能够在一定程度上产生幸福，但这种幸福是短暂的，而且在短暂的幸福后常常会伴随着内心和精神上的空虚，这是因为"享乐主义"忽视了幸福的本质和内涵，而只追求表面的幸福，当表面的幸福消散后，内心和精神自然会感到空虚。由此可见，理论本身的科学与否至关重要，只有理论本身是科学的，才能够更好地指引学生构建科学的幸福观。

2. 对理论进行科学的扬弃

有些理论在其形成的时代也许是非常正确的，但随着时代的发展，随着人们观念的转变，这些理论中的有些内容也许不再适用于当前的时代，所以在为学生讲授这些理论时，教师应结合时代发展的特点对其进行科学的扬弃。比如，由苏格拉底提出的西方理性主义幸福观，强调的是美德的重要性，人只有知道什么是善、怎样行善，才能称为一个幸福的人。柏拉图、亚里士多德、康德等人也都认同苏格拉底的幸福观，并在他的基础上进行了完善。概括来说，西方理性主义幸福观将世界分成了理念世界和事物世界，理念世界是由各种观念组成的，事物世界是由世界上的种种事物组成的，与后者相比，前者是必须的，即理念世界是在事物世界之上的。西方理性主义幸福观重视道德的追求，这一点是无可厚非的，在今天同样适用，但该主义过度重视精神上的幸福，忽视了物质需求的满足，而物质作为人生存的基础，如果缺少了物质，那么生存无疑会受到影响，自然也就无从谈论精神上的幸福。由此可见，在讲授相关理论的时候，教师一定要进行科学的扬弃，摒弃那些错误的观点，弘扬那些科学的观点，从而引导学生构建正确的幸福观。

（二）注重方式的多样性

理论知识相对比较枯燥，也不易于理解，如果采用单一的教育方式，会降低教育的趣味性，进而影响学生学习的效率。因此，在进行理论教育时，教师应注重教育方式的多样性。比如，信息技术目前已广泛应用于高校教育中，教师应充分利用多媒体技术，精心设计课件，使枯燥的理论知识以一种比较生动的形象展示在学生面前，从而提升教学的趣味性，并调动学生学习的积极性。再如，教师可以将学习的主动权交给学生，让学生通过合作的方式对理论知识进行交流和讨论，然后教师结合学生讨论的结果予以指导，这样也能够在一等程度上调动学生学习的积极性，并加深学生对理论知识的理解。总之，在运用理论教育法时，教师切记采取单一的教育方式，更切记采取灌输的方式，而是要运用多种方式、多种手段，从而增强理论教育的实效性。

二、实践参与法

实践参与法是指通过实践活动使教育对象进行知行转化的方法，其核心是在参与中体验。[1]正所谓"实践出真知"，在大学生幸福观教育中，理论是基础，而在基础之上，无疑还需要增加实践教育，这样不仅有助于学生在

---

[1] 骆郁廷．思想政治教育原理与方法[M]．北京：高等教育出版社，2010：156．

实践中加深对理论的认知，而且也能够让学生在实践中观察和体会幸福发生、生成的过程。因此，教师应带领学生走出课堂，积极拓展社会活动、学习实践、生活实践的形式，将其作为学校幸福观教育的必要组成部分，使学生在现实生活中更真切地感受劳动、奋斗的幸福氛围，真切体会劳动和创造是实现幸福的根本途径。为了确保实践参与法的效率，在运用该方法时，教师应把握如下两点。

（一）实践活动的主题要鲜明

实践活动作为学校教育中的重要组成部分，对于提升学生的综合素质与能力发挥着积极的作用，由此可见，实践活动指向的是学生综合能力与综合素养的提升。当然，在幸福观教育中，实践活动的主要目的是帮助学生构建正确的幸福观，所以为了实现这一目的，教师应为实践活动确定一个鲜明的主题。而在确定实践活动的主题时，教师可以从两个方面做出思考：一是结合理论课程，二是结合学生的现状。

1. 结合理论课程确定实践活动主题

实践活动的一个作用就是引导学生进行知行转化，所以实践活动应该与理论知识结合起来，这样有助于学生在实践中加深对理论的认知。比如，在理论课程中，教师为学生讲述了"奋斗幸福观"的理论知识，在实践活动中，教师就可以确定一个诸如"越奋斗，越幸福"的主题活动，然后为学生创造一些劳动环境，并构建有效的激励反馈机制，让学生真正参与到与个人生活相关的生产活动中，使青少年有机会运用所学知识，感受真正的劳动创造的价值，从中获得成就感等积极的幸福体验，使其认识到学习和劳动对个人发展和社会运行的重要性。

2. 结合学生现状确定实践活动主题

当代大学生的幸福观整体来看是比较积极和健康的，但也存在一些问题，所以实践活动可以结合学生存在的问题去确定主题，从而使实践活动更具针对性。比如，对于个人幸福和国家幸福的关系，很多学生虽然能够认识到二者关系的联系性，但其实感受并不强烈，针对这一现状，教师可组织学生去参观一些和国家发展有关的展览活动，让学生更加直观地去感受国家近几十年的发展以及社会的变化，从而让学生进一步认识到国家发展对个人幸福的作用。

（二）实践活动的形式要多样

在组织学生参与实践活动时，教师应拓展实践活动的形式，不要拘泥于某一种形式，这样容易产生审美上的疲劳，从而降低实践活动的效率。可用于大学生幸福观教育的社会实践活动形式其实有很多，如社会调查、理论宣讲、生产劳动、社会服务、学习参观等，教师可结合实际需要选择适宜的实践活动形式。例如，教师可以以"你幸福吗"为主题组织学生开展社会调查，让学生去了解社会大众对幸福的看法。社会大众对幸福的看法能够从一定程度上反映整个社会的幸福观念，能够让学生对社会幸福有进一步的认知，同时也能够让学生的幸福观更加多样化，这对于加深学生对幸福的认知无疑具有非常积极的意义。

三、认知教育法

认知教育法的目的在于提升学生对幸福的认知，学生在中小学阶段接受的幸福观教育较少，这是导致很多学生对幸福观认知不足的一个重要原因。因此，加强对学生的认知教育就显得非常有必要。当然，该方法并不是一个独立的方法，需要和其他方法交叉运用，而在具体的运用中，需要结合大学生特点以及社会发展特点。具体而言，认知教育法的实施可从如下三点做出思考。

（一）基于思想政治教育和生活体验的幸福本质认知教育

要让新时代的大学生建立正确的新时代幸福观，首先要让大学生从根本上认识"什么是幸福"，结合马克思主义幸福观和中国特色社会主义新时代的幸福观来看，需要分别通过思想政治教育和生活观察让大学生真正理解和领会新时代幸福的真正内涵。

1. 充分发挥思想政治理论课的幸福观教育功能

高校在思想政治教育中需要从马克思主义理论、中国特色社会主义理论出发，充分说明幸福的本原，尤其要说明幸福与感官和直觉快乐的本质差别。另外，还需要从人的存在性出发，说明物质幸福是人存在的基本保障，而精神幸福则是人存在于社会的价值所在，也是使人长期存在的根本动力，由此让大学生认识到幸福包含了最基本的物质与精神幸福，同时也需要结合理论来分析物质与精神幸福在维持人的存在性上有着同等重要的价值，避免学生对幸福产生局限性、片面性的认识，能够理性追求物质幸福，也能敢于追求精神幸福。

2. 充分发挥生活体验活动课的幸福观教育功能

高校同时要突破思想政治教育的传统形式，结合幸福观教育的基本需要，开展更多涉及体验和感知的生活化和实践性教育，让各类学生都能以合适的角度认知幸福，另一方面让缺乏生活积累的"理论型"人才也能从生活中切实感受人在奋斗后的最真实的物质满足、精神愉悦的状态，这种更具感染力的生活教育更有助于大学生理解何为幸福。

（二）基于主体意识和个人奋斗的幸福根基认知教育

对于新时代的大学生来说，认识幸福并不等于形成了完整的幸福观，而只是明白了幸福的内涵和真谛，但在价值观差异等因素的影响下，部分大学生并不会有效形成自觉追求幸福的动力，或者不能充分地理解幸福形成的基本根基。完整的幸福观还包含了追求幸福的意识，以及对实现幸福的方法的正确认识。对此，高校在新时代大学生幸福观教育中必须强调主体意识教育和个人奋斗实践教育，这样才能使学生产生基本的追求幸福的动力和对实现幸福方法的正确认识。

1. 高度重视大学生主体意识教育

新时代幸福观教育既要让大学生意识到幸福是存在动力，也要让大学生意识到幸福是个人学习和发展的基本目标，这样才能促使大学生真正产生通过劳动实践和奋斗来追求和实现幸福的动力。这需要高校在幸福观教育中给予大学生足够的主体地位，教师应当积极引导大学生去深入思考幸福在个人人生规划中的地位，例如引导大学生基于学业、职业发展的目标来思考自己在更高层次的理想与人生追求，使其逐步认清努力学习和钻研奋斗对于个人能力发展以及对个人未来职业岗位上的价值实现的重要意义，从而使其形成内在的主动追求幸福的意愿。

2. 全面加强大学生奋斗实践教育

新时代幸福观高度强调了劳动实践和奋斗是实现幸福的必然过程和条件，也明确指出了奋斗本身也是一种幸福。要想让大学生对此形成正确的认识，实践教育是明显优于一般理论教育的，因此高校可以组织学生开展个人创新、创业等奋斗实践，使大学生在踏入社会前先通过幸福本身来收获幸福体验，这样才能更好地避免其在未来学习和发展中出现幸福观偏差发展的情况。

（三）基于爱国实践和民主生活的幸福拓展认知教育

新时代幸福观教育需要让大学生深入且充分地认识个体幸福与集体幸福之间的关系，既要让大学生认识集体幸福的重要性，也要让其认识集体幸福和个体幸福间有着互为基础的基本关系，由此使大学生更积极地为集体幸福做贡献，也使大学生本身的奋斗意识得以增强。在教育实践中需要强调学生对集体幸福的感知，同时要让学生切实感受到当前中国具备了共创与共享集体幸福的基本条件。

1. 弘扬人民中心论的精神，在爱国实践中培养大学生的具体幸福观念

新时代幸福观强调人民既是幸福的缔造者，也是幸福的受益者，这既充分肯定了人民的主体地位，也强调了个体与集体幸福处于同等重要的水平。新时代中华民族伟大复兴的终极目标就涵盖了人民幸福，高校在思想政治教育和幸福观教育中需要让大学生也能主动承担相应责任，把实现这一目标作为实现个人价值的一种标准，从而将大学生的个人幸福与集体幸福有效地衔接起来，使其形成主观的集体幸福意愿。

2. 弘扬共创和共享精神，在民主生活体验中培养大学生的集体幸福观念

在共创幸福的社会观察与实践中，大学生能够从更宏观的视野中了解到，在现代化的复杂社会系统中，每个人都在通过自己的努力来创造价值，并为社会集体幸福做出应有的贡献。在共享幸福的社会体验中，大学生能够切实感受新时代民主和法治化的中国公平地分配着发展的成果，使集体幸福可以被大家所共享，这样才能最终增强大学生对中国特色社会主义社会制度的自信，从而使其自愿地投入对集体幸福的追求中去。

3. 弘扬使命担当精神，在时代教育中培养大学生的奋斗幸福观念

以幸福观教育、中国梦教育、理想信念教育为基础，对中国特色社会主义制度和社会运行逻辑进行深入解析，同时开展更为频繁的一线劳动岗位观察和体验活动，让大学生真正意识到这个复杂的社会是由无数基层岗位组成的。其实，正是每一个基层劳动者的共同努力才造就了如今的国家繁荣与民族兴盛，而维持这一动力的根本就在于每个人都热衷于奋斗，并且能够通过奋斗获得幸福，由此使大学生充分认识集体幸福的必要性和根基作用，进而因此追求幸福。

四、自我教育法

自我教育是发挥受教育者的主体作用，调动其接受教育能动性的心理教育形式。[1]简单来说，自我教育就是自己教育自己。自我教育是"他教"向"自教"的转化，这在强调学生主体作用的今天是备受推崇的一种教育方法。与此同时，现代社会强调终身学习的理念，而终身学习的一个能力支持就是自我教育能力，缺乏这一能力，终身学习将成为空谈。当然，大学生的自我教育并不是说教师完全放手，教师仍旧发挥着一定的作用，即为学生提供必要的指导、监督和鼓励，引导学生逐步实现从"他教"向"自教"的转化。由此可见，在大学生幸福观教育中，引导大学生进行自我教育不仅是一个方法，而且也是非常有必要的。具体而言，大学生幸福观的自我教育可从如下几点做出思考。

（一）指导学生正确认识自我

正确认识自我是大学生进行自我教育的一个重要前提，因为只有正确地认识自我，才能在自我教育中做到有的放矢，从而提高自我教育的效率。关于自我认识，橱窗分析法（如图5-3所示）指出我们每个人都存在自我认识不到的部分（背部我），这部分对于大学生的自我教育也是不可或缺的，所以教师要指导学生去认识自己看不到的这部分，从而使学生更加完全地认识自我。

---

[1] 江作舟，刘平，彭云. 心理健康教育讲课指南[M]. 北京：蓝天出版社，2011：100.

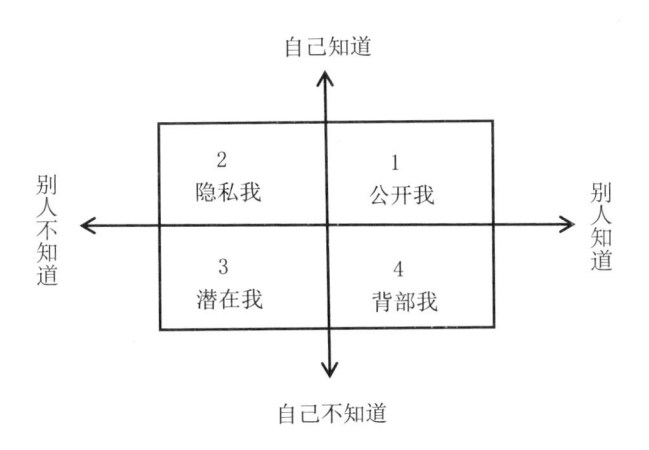

第五章　遵原探法：大学生幸福观教育的原则与方法

```
                    自己知道
                       ↑
        ┌──────────────┼──────────────┐
        │      2       │      1       │
别人     │    隐私我    │    公开我    │   别人
不知道 ←─┤              │              ├─→ 知道
        │      3       │      4       │
        │    潜在我    │    背部我    │
        └──────────────┼──────────────┘
                       ↓
                    自己不知道
```

图 5-3　橱窗分析法

（二）引导学生自我实现

哲学层面上的自我实现包括三个层面：一是超越自我，即外部规范下自我存在形式的超越；二是对本我目标的有限追求与理性控制；三是对于超我和自我之间的矛盾冲突进行合理协调。所以自我实现并不是单一地忠于本性（或原始欲望）的追求与发展，同时也涵盖了更高层次的理想和抱负（即目标），在这种目标下人才能超越自我、本我，成为那个更独特、有着更高境界的人。从这个角度来看，自我实现并不是简单的"实现目标"或"达成成就"，还需要有个体理想为参照的对比，也需要在此基础上不断形成更美好的愿望。

在大学生幸福观培育中，要想更好地培育其自我实现意识和能力，必须要让其认识自我实现的内涵、本质与方法。因此，在大学生幸福观的培育中，要先指明自我实现的基本条件，即以现实而非自我或外部命令（如父母要求）的以问题为导向的发展动力，这种动力应当建立在不断挖掘自身潜在、发展自身的能力与才华的基础上。然后，指明自我实现是一种个人天赋和才能不断被挖掘和发挥的过程，而不是最终的结果，即不断超越超找和自我的过程，这种不断的成长与外向性价值输出才是长期自我满足的持久动力所在。最后，指明自我实现并不局限在某些"所谓的高端领域"（如科学研究、艺术与高水平竞技运动等领域），即便是非创造性领域也有自我实现的条件，例如体能、专业技术、工作经验等的发展，又或是逆境发展、攀登巅峰的体验等都是自我实现的条件。

（三）鼓励学生自我学习

正所谓"学无止境"，与幸福观相关的知识有很多，教师在课堂上很难将这些知识全部传授给学生，所以教师应该鼓励学生在课下继续进行自我学习。尤其在当前这个知识化的时代，知识更迭速度在不断加快，新的理念也在不断涌现，学生应时刻保持一颗求知的心，通过自我学习去不断地完善自我。其实，科学的幸福观蕴含的内涵非常丰富，它在指导学生认识幸福、感受幸福、创造幸福的同时，还能够增加学生对自然万物和社会的认知，这是其他专业很难达到的。因此，从长远的角度来看，针对幸福观的自我学习对于大学生的发展是具有重要意义的。

（四）鼓励学生自我评价与自我批评

自我评价是自我意识的一种体现，是指主体对自己的思想、行为等进行判断和评价。在教育中，评价是重要的一环，它具有导向、鉴定、诊断等多种功能。在教育中，教师是评价的一个重要主体，教师针对学生的情况给予合理的评价，然后学生结合教师的评价进行调整。而在学生的自我教育中，教师不再是学生评价的主体，评价的主体和客体实现了统一，即都是学生自己。教师应鼓励学生深入剖析自己幸福观构建的情况，找出自己的长处和不足。针对自己的长处，学生应客观看待，切忌骄傲自满；针对自己的不足，学生要勇于承认这些不足，并通过自我批评去促使自己改善这些不足，进而使自己在不断自我批评中构建更加完善和科学的幸福观。

五、价值观渗透法

正确的价值观是感受幸福、认识幸福和创造幸福的一个重要支撑，所以在大学生幸福观教育中，教师应为学生灌输正确的价值观，并通过这些价值观渗透幸福观教育。

（一）用奋斗为幸福铺设道路

奋斗的过程和结果都是幸福的基本构件，虽然奋斗的过程是艰辛、长期和曲折的，但也正是由于这种特殊的过程体验为人创造了改变、成长和发展的机会，这种变化带来的喜悦感是实现幸福的基本条件与路径。

在大学生幸福观培育中，要想更好地培养大学生的奋斗意识，需要先使其认清奋斗的本质。奋斗不是简单的努力，而是以明确的目标、正确的方法、不畏艰险的决心和个人的努力来实现目标的过程。因此，在大学生幸福观培育中，不仅要指导其努力奋斗，更要使其认识奋斗的本质，使当代大学生消除惰怠、畏惧、依赖等心理，掌握正确的奋斗方法，形成内在的奋斗决心，在此基础上再对其开展奋斗与幸福关系的教育，这样才能让大学生正确地理解奋斗并投入"以奋斗创造幸福"的实践中，避免其因遭遇挫折而放弃奋斗、丧失获得幸福的机会。

（二）用爱国为幸福延通力量

人对幸福的感知大多是从个人体验中提取而来，个体幸福和集体幸福的关系是相对抽象的，部分普通群众不易发现个体幸福和集体幸福的联系，也就很难建立起热爱国家和民族的发展和奉献意识，这实际上是集体主义幸福观教育中的一大障碍。

在大学生幸福观培育中，要想更好地培养大学生的爱国主义精神、民族复兴意识，需要用科学的方法使大学生有效地体验集体幸福对个人幸福的奠基和对照作用，从而使其更清晰地认识个体幸福与集体幸福的关系，强化其对国家和民族的热爱之情。因此，在大学生幸福观培育中，不能仅运用常态化的课堂教学、宣传方式来传播爱国主义精神，还需要从大学生的日常生活、大学生即将接触的社会生活、现实生活实践中寻找典型案例或体验媒介，通过这种与大学生联系更为紧密的案例、媒介，使其有机会感受到奉献、合作中的个人幸福体验，也从中感受国家与人民一同成长和幸福的自豪与喜悦，这样才能将国家与民族发展的幸福感转化为使大学生个体发展和为国奉献的力量，真正将集体幸福融入个人的理想追求当中。

（三）用担当为幸福铸就条件

社会主义核心价值观是中国模式的价值表达，是中国发展的精神力量，也是凝心聚力的精神纽带，当代中国青年是传播正能量、引领新风气的社会力量，要主动成为培育和践行社会主义核心价值观的奋进开拓者。对于当代青年而言，必须认认真真地做每件事，为美好的明天承担应有的责任，在推动国家与民族发展的过程中赢得属于自己的人生价值，收获属于自己的人生幸福。从另一个角度来看，如果说爱国是从外部向个体沿递幸福力量，那么担当就是将个人的力量转为集体幸福的力量，由此可以形成个体幸福与集体幸福的良性发展循环。

在大学生幸福观培育中，要想更好地培育其担当精神，必须同时注重其担当意识和担当能力的培养，使其既要敢于担当也能够担当。因此，在大学生幸福观培育中，要先引导大学生建立坚定的理想信念，使其正确认识到只有"国家强、民族兴"才能"人民幸"，从而在担当民族复兴大任的实践中创造属于自己的幸福。然后，培养大学生的综合能力，结合其个人所学专业、能力特长和发展兴趣，在特定领域和方向努力学习、发展，不断完善自身专业水平和综合素养，为大学生适应新型社会工作和发展领域的需求奠定良好的能力基础。

六、网络教育法

网络教育就是借助网络对大学生进行幸福观教育。网络是科技发展的产物，随着信息技术的发展，网络已经渗透到学生的学习与生活之中，也已经广泛应用到大中小学的教育之中，所以借助网络对大学生进行幸福观教育是教育发展的一个必然之举。具体来说，大学生幸福观网络教育法可以从如下三个方面做出思考。

（一）构建大学生幸福观教育的主题网站

大学生幸福观教育的主题网站就是以高校为制作、管理主体，以幸福观教育为主要切入点，利用互联网向学生传播幸福观理论，从而促进学生构建正确幸福观而建设的网站。幸福观教育主题网站是大学生幸福观教育的一个重要支撑，能够提高大学生幸福观教育的效率，所以高校应结合自身的实际情况建设相应的主题网站。为了提高主题网站的作用，在建设网站时，高校应注意如下两点。

1. 注重主题网站的内容建设

内容作为幸福观主题网站的一个要素,是吸引学生的一个关键,所以高校需要注重主题网站内容的建设。在内容建设上,内容应尽可能呈现多元化的特点,既要包括幸福观相关的理论知识,也要包括人格养成、挫折对应、人际交往等内容,同时,内容还要贴近学生的学习和生活实际,抓住学生的焦点问题,为学生答疑解惑,让学生真正能够从该主题网站中有所收获。此外,在内容展示上,需要同时运用文字、图片、音频、视频等多种方式,并多层次、多角度地进行阐述,这样能够进一步提升对学生的吸引力。

2. 强化师生对主题网站重要性的认识

主题网站的作用能否得到充分的发挥,一方面在于其内容的建设,另一方面则在于其使用者。因此,在加强幸福观主题网站内容建设的基础上,高校还应该增强师生对主题网站重要性的认识。其实,很多高校针对学生教育都建设了相应的网站,但很多师生对网站的重视程度明显不足,这是导致网站作用不能充分发挥的一个重要原因。至于导致师生对网站重视不足的原因有很多,其中比较主要的原因有两个:高校宣传不够和内容建设缺乏吸引力。由此可见,强化学生对主题网站重要性的认识既需要内容的支撑,也需要宣传的推广,从而扩大主题网站的吸引力和影响力。

(二)构建大学生幸福观教育的隐性网络平台

隐性教育是相对于显性教育而言的,是指教育者、教育内容、教育目标是不直接显露的、隐藏的,其教育形式是侧面的、间接的,常采用"迂回""渗透"的教育方式,它追求长期的教育效果,学生在不知不觉中自愿接受教育者观点的教育模式。[1]构建隐性的网络教育平台,就是借助网络媒体,将幸福观教育的内容渗透到学生日常的网络生活中,从而使学生在不知不觉中受到熏陶。隐性的网络平台具有目的隐藏、方式隐蔽、效果隐现的特点,它创造了一种宽松、自由、愉快的氛围,使受众在教育过程中成为一个平等、独立、自主的个体,淡化了他们的被教育角色意识,赋予他们充分自由选择的权利,

---

[1] 肖文,周俊,董英,等.高校学生思想政治工作隐形教育及载体探索[J].江苏大学学报(高教研究版),2003(1):67-70.

满足了他们渴望成为主体的愿望，这不仅能够有效激发他们的参与意识，并且有利于消除他们的逆反心理。[①]

当代大学生的自主意识较强，他们对于硬性灌输到自己脑袋中的思想有时会产生"排异"反应，所以针对大学生的幸福感教育不能一味地进行显性教育，还需要结合隐性教育。从某种意义上来说，主题网站就是显性教育的一种方式，而隐性网络平台无疑属于隐性教育。隐性网络平台的建设并非一件易事，教师可以以地区为范围，某个地区内的高校共同合作，在学生经常使用的网络平台中开设一些账号，然后定期在账号上发布对学生有引导作用的内容。在内容的设计上，切忌采取说教的形式，而是要采取学生喜闻乐见的方式，而且内容上也应该包罗万象，不应局限于某个方面，只要是积极、健康的内容，从某种意义上来说，就能够潜在地影响学生的幸福观。

（三）组织大学生开展幸福观相关的网络实践活动

除了几种常见的实地实践的活动方式外，借助网络开展实践活动也是一个不错的选择。由于网络不受时间、空间的限制，所以依托于网络开展的实践活动也减少了很多的限制。比如，教师可以组织学生开展以幸福观为主题的网络社交活动，让学生在网络中与网友就幸福的看法进行交流和讨论。在网络普及之前，人们的社交常常受空间的限制，而网络普及之后，人们借助网络可以实现随时、随地的交流，这极大地拓宽了大学生人际交往的范围。不同地区的人，由于文化、经济等方面的差异，可能对于幸福的看法也存在差异，大学生的实地实践活动很难做到跨地区，而借助网络则可以接触到不同地区的人，这有助于开阔学生的视野，让学生在对多元化幸福观的认识中加深对幸福的认知。

[①] 王艳秋. 因人制宜与隐性思想政治教育 [J]. 武汉船舶职业技术学院学报，2008（2）：119-122，127.

第六章　多途共进：大学生幸福观教育的多维路径

第一节　大学生幸福观教育的社会维度

社会性是人的一个重要属性，即便是在大学校园中，仍旧会受到社会环境的影响，所以社会维度是大学生幸福观教育的一个重要维度。就大学生幸福观教育的社会维度而言，可以从社会制度、社会文化和社会经济三个层面做出思考，同时发挥载体的作用，加强对大学生的引导，从而为大学生科学幸福观的构建提供一个良好的社会环境，如图 6-1 所示。当然，关于大学生幸福观构建的社会维度而言，有些人认为从微观的角度去看，社会因素对大学生幸福观的构建不能起到直接的作用，但从宏观的角度去看，社会因素影响着整个社会幸福观的构建，同时也能够通过环境氛围的作用去对大学生产生深远的影响。因此，从社会维度进行分析也是非常有必要的。

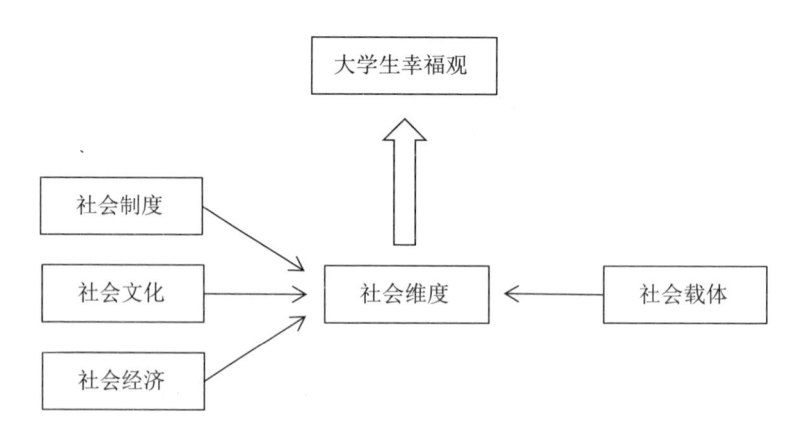

图 6-1 大学生幸福观教育社会维度的几个层面

一、基于社会制度层面的思考

(一) 社会制度必须具备的两个要素

社会制度是包括大学生在内的每个人能够比较直接感受到的存在，也能够直接影响大学生对幸福的感知和认识。作为社会中的一员，良好的社会制度能够为生活在其中的人提供必要的支持，从而让生活在其中的人可以更好地获得幸福。就社会制度而言，一个良好的社会制度包含很多的内容，但有两个要素是最基本的，也是不可或缺的，那就是公平正义和有效性。

1. 社会制度维护社会的公平正义

维护社会的公平正义是社会制度最根本的要素，缺少了这一点，社会道德的天平将会倾斜，也自然很难培育出具有正确幸福观的人。的确，只有在公平的环境下和正义的保障下，人们才能够去追求幸福，并获取幸福。纵观世界各国，公平正义都是实现社会幸福的前提，也是保证国家发展的重要基础，关于其重要性，在党的十九大报告中便提到，要不断满足人民日益增长的美好生活的需要，不但促进社会公平正义，形成有效的社会治理、良好的社会秩序，使人们的获得感、幸福感、安全感更加充实、更有保障、更可持续。对于大学生来说，虽然还处在校园中，但对社会制度已经有了初步的认知，社会制度的公平正义能够为大学生提供信心，并增进大学生的理想信念，从而提升学生追求幸福的动力。

2. 社会制度的有效性

有效性也是社会制度不可或缺的一个要素，即社会制度能够在社会实践中有效地运行，而不是存而无效，华而不实。正所谓知易行难，从某种层面上来说，社会制度的制定并不是一件非常困难的事情，如何有效地落实和实践才是关键，也是最困难的地方。因此，针对已经制定的社会制度，各级政府应充分考虑人民的需求，尤其要考虑人民对幸福追求的需求，积极地落实和实践，从而为包括大学生在内的每一个人的幸福追求之路保驾护航。

（二）新时代社会制度的建设

时代在不断发展，而随着时代的发展，社会制度也需要不断地发展和革新，在党的十九届四中全会中，也吹响了制度建设的号角。社会制度的建设关系社会的发展，也关系人民的幸福，而人民幸福作为新时代社会主义幸福的本质要求，以社会制度建设推动人民的幸福就显得至关重要。显然，大学生作为社会中的一分子，人民的幸福自然会推进大学生的幸福。至于新时代社会制度的建设，可以从五个维度去进行思考：谁去建设、建设什么、建设的定位、建设的价值和建设的策略。而从上述五个维度，又可以进一步拓展出新时代社会制度建设的内在逻辑（如图 6-2 所示）。

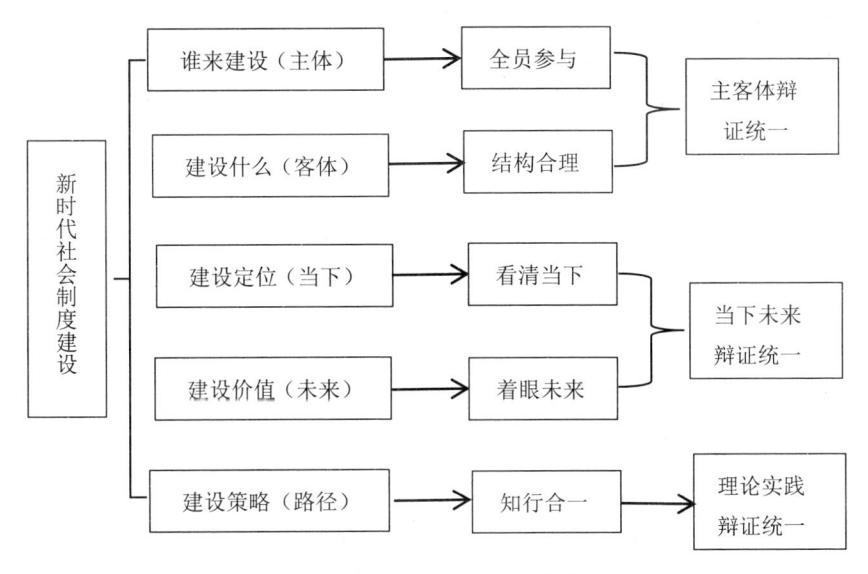

图 6-2 新时代社会制度建设的内在逻辑

1. 全员参与新时代社会制度建设

人民群众是社会活动中的主体，也是创造幸福的主体，更是推进社会发展的重要力量，所以在社会制度建设之中，必然需要人民群众的参与。其实，在社会活动中，人民群众具有参与的能动性，但由于对某些社会活动的认知不足，所以在一定程度上限制了他们主体性的发挥。因此，为了使全员参与社会制度建设，党和政府应加强对人民群众的动员，使人民群众能够积极地参与进来，进而形成全员参与的社会制度建设机制（如图6-3所示）。

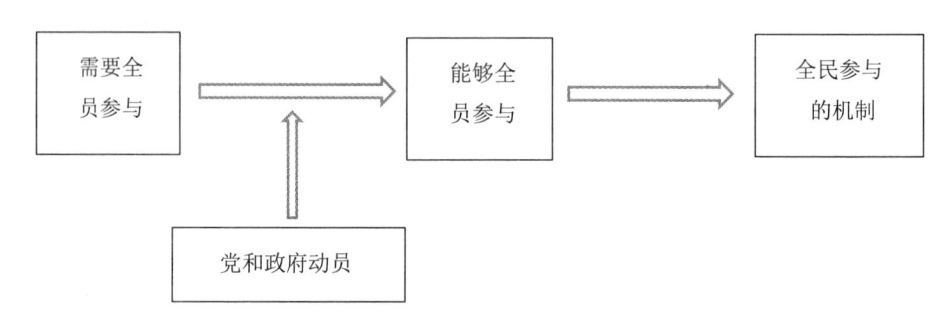

图6-3 全员参与新时代社会制度建设示意图

2. 新时代社会制度建设的结构应合理

关于新时代社会制度建设的客体，即建设什么的问题，由于其涉及的方面非常广泛，所以很难将其系统地论述清楚，但有一点是可以肯定的，那就是其结构必须是合理的。至于什么样的结构是合理的，至少体现在三个方面：全领域、动态化和有机性。所谓全领域，就是指社会制度建设要涉及社会的所有领域，不能出现制度上的空白。动态化就是指社会制度建设不是一成不变的，而是要随着时代的发展不断变化，与时俱进。而有机性就是指客体内部构成要素之间是有机统一的，不能是相互割裂的。社会制度建设的课题也是影响人民幸福的一个关键因素，所以追求结构的合理是必然需要考虑的一个问题。

3. 新时代社会制度建设应看清当下

社会制度优越性的一个体现就是与时代发展相匹配，从而能够有效推动当前社会的发展。因此，新时代社会制度建设要有一个清晰的定位，这样才能使制度建设更加合理和科学，进而最大限度地发挥社会制度的效用。因此，在制度建设中，要全面分析当前社会发展的现状，了解人民群众对当前社会制度的看法，然后结合当前的实际情况设计清晰的定位。

4. 新时代社会制度建设应着眼未来

着眼未来就是要有一个明确的计划，这是实现目标的一个要素，不可或缺。因此，在对当下有一个清晰定位的基础上，还需要着眼未来，有一个长远的计划，设定一个长远的目标。当然，为了更好地实现长远目标，还需要对目标进行分解，设定阶段性的计划，从而在一个个阶段性计划落实的基础上实现长远的目标。

5. 新时代社会制度建设应知行合一

从某种意义上来说，新时代社会制度建设需要"知"的指引，但最终还是要落到实践中。的确，历史告诉我们，无论是主体的社会活动，还是客体的建设，都是在实践中落实的。习近平同志也反复提到过，"空谈误国，实干兴邦，进取有为，做能够经得起实践、人民、历史检验的实绩"[1]。当然，实践活动的落实也不能缺少理论的指导，所以在社会制度建设中，知与行必然是有机统一的。

二、基于社会文化层面的思考

社会文化是人类历史实践过程中人类所创造的物质财富和精神财富的总和，它影响着生活在社会中的每一个人。同时，高校文化作为校园文化的组成部分，也在一定程度上受社会文化的影响，所以社会文化同时还会通过影响高校文化去影响学生。因此，从社会文化层面进行分析，并提出一些建议也是非常有必要的。

（一）社会文化与幸福的关系

每一个社会都会随着时间的推移形成适应自己社会形态的社会文化，并且随着时代的发展，社会文化也在不断地演变，这种演变既包括对文化的摒弃，也包括对文化的创新和发展。关于社会文化理论，最早是由苏联心理学家维果茨基提出来的，他认为在影响人类认知功能的各种因素中，社会文化

---

[1] 习近平. 谈治国理政[M]. 北京：外文出版社，2014：399.

是核心因素。的确，社会文化与社会大众的生活紧密联系，其表现为社会普遍的道德规范、价值观念以及风俗习惯等，这些都是不能与生活大众生活割裂的，所以自然会对社会大众的认知产生非常深远的影响，其中，便包括对社会大众对幸福认知的影响。因此，加强社会文化建设，由文化引导大学生幸福观建设无疑也是有效的路径。

（二）新时代社会文化建设

新时代社会文化建设是一个宏大的主题，其涵盖的范围也非常广泛，我们以大学生幸福观教育为切入点，简要阐述新时代社会文化建设的相关内容。

1. 营造健康的消费文化

消费文化是在社会生活中各种消费活动的一种综合表现，是人类在社会消费活动中表现出的一类深层次的、内在的秩序和意识，是内化于人的消费社会活动之中而凝结成的一种消费方式。①消费文化是社会文化的组成部分，包括消费观念、消费方式、消费态度等要素。大学生的主要任务虽然是学习，但生活消费也是必不可少的，所以消费文化在一定程度上会对大学生的幸福观产生影响。物质消费是幸福的基础，这一点是毋庸置疑的，但过度的物质消费无疑会产生一系列的负面效应，从而影响学生的幸福感。有些大学生受享乐主义等观念的影响，形成了错误的消费观念，总是盲目跟风、攀比，虽然在短暂的消费过程中他们获得了幸福，但这种幸福很快就会被过度消费导致的经济负担所掩盖，从而陷入苦闷与痛苦之中。因此，社会应营造健康的消费文化，引导学生正确看待消费，并形成积极、健康的消费文化，进而形成理性的幸福观。

2. 营造积极的奋斗文化

关于幸福的获得，习近平同志提出了"奋斗幸福观"的理念，他在多个场合都强调过，"幸福是奋斗出来的""奋斗本身就是一种幸福""新时代是奋斗者的时代"。②奋斗是对劳动的尊重，也是劳动者的专利，尤其在新的时代，更需要每一个人去不懈地奋斗。当然，新时代的劳动不是普通意义

---

① 于博瀛.当代大学生消费文化培育研究[M].哈尔滨：黑龙江人民出版社，2020：22.
② 张璐.习近平主席的"奋斗幸福观"[N].学习时报.2018-03-28（002）.

上的劳动,新时代的劳动者也不是普通意义上的劳动者,他们是充满着文化自信的劳动者,他们的劳动也不仅仅是生存的需要,而是完成自我超越,实现社会价值,并经历和获得幸福人生的一种需要。奋斗幸福观所提倡的幸福,正是这种多重意义上的幸福。对于大学生来说,他们正值青春年华,他们是即将担起社会重任的时代新人,所以更需要认识奋斗的重要性,并形成奋斗幸福观,从而在不懈的奋斗中不断经历幸福、实现幸福、享受幸福。

3. 正确弘扬传统文化

中华民族拥有五千余年的发展历史,中华文化博大精深,为人类文明进步与发展做出了巨大贡献。中华文化蕴含着对幸福的思考,对当前民生幸福目标的达成具有重要影响。新时代社会主义幸福观在立足我国发展现状的基础上,也吸取了中华民族优秀文化的精髓,形成了凝聚人民力量的精神纽带,在追求幸福的过程中传递不竭的精神动力。例如,新时代的生态幸福观继承了道家"天人合一"的生态幸福思想。"天人合一"是道家的核心思想之一,也是中国传统文化中的重要内容,其根本在于肯定物我同体,倡导顺应自然,这与当前我国"五位一体"发展中的生态文明建设理念相似,本质上强调人类社会与自然界存在紧密的内在联系,引导大众尊重和保护自然。新时代的幸福观在一定程度上借鉴了道家的这一思想,解释了生态幸福与人类幸福观的关系。当然,传统文化中也存在一些糟粕的内容,这些内容不符合时代发展的需求,也无助于大学生科学幸福观的构建,所以在弘扬传统文化时,应弘扬那些正确的、有助于学生正确幸福观构建的文化,从而在现代文化与传统文化的合力下共同促进大学生构建正确的幸福观。

三、基于社会经济层面的思考

(一)社会经济与幸福的关系

关于经济与幸福的关系,认同经济是幸福的基础条件,但并不是幸福的全部。无论是从个人的角度来看,还是从社会的角度来看,都是如此。试想,一个人如果衣衫褴褛,食不果腹,又怎么可能感到幸福,又怎么有更多的精力去追求幸福呢?由此可见,我们虽然不能将经济看作是幸福的全部,但它却是幸福中不可或缺的一个因素。对于大学生来说,他们虽然还没有实现经济上的独立，但他们的学习和生活也离不开经济，而且他们也即将走向社会，所以社会经济也是影响他们对幸福认知的一个关键因素。因此，继续走经济可持续发展的道路，不仅是国家发展的宏观需求，更是大学生正确幸福观构建的微观需求。

（二）新时代社会经济的健康发展

关于新时代经济的健康发展，可以从两个方面做出思考：一是社会经济发展本身需要是健康的，即要走可持续发展之路；二是社会经济的发展要真正有助于民生的改善。这两个方面都会通过影响社会的大环境去影响大学生对幸福的认知。

1. 走经济可持续发展之路

经济作为人民幸福的一个基础，发展经济是一条必然之路，但人民的幸福感并不全部来自经济，还受文化、自然生态等多种因素的影响。纵观世界各国经济的发展，很多国家都是以牺牲自然生态环境为代价，实现了经济的快速发展，虽然人民的生活随着国家经济的发展在不断改善，但自然生态环境的恶化也在一定程度上降低了人民的幸福感，甚至让很多人对国家以及个人未来的生活产生了担忧。由此可见，有助于人民幸福观提升的经济发展应该是绿色经济、生态经济、循环经济，而不是以牺牲生态自然环境为代价的不可持续经济。其实，即便具体到大学生幸福观构建这一微观层面，这一点也显得非常重要，这能够让大学生进一步认识经济发展与幸福的关系，从而在二者的辩证统一中同时构建正确的经济发展观和幸福观。

2. 用经济发展改善民生

关于民生问题，在党的十八大报告中指出，要加强社会建设，以保障和改善民生为重点。在党的十九大报告中再次强调，增进民生福祉是发展的根本目的，必须多谋民生之利、多解民生之忧，在发展中补齐民生短板、促进社会公平正义。由此可见，改善民生始终是党的一个重要目标。其实，站在国家发展的角度去看，社会经济发展最终的落脚点始终是人民，是为了满足人民对美好生活的向往。因此，在大力发展社会经济的同时，国家应借助社会经济的发展走民生导向之路，不断完善社会保障制度，不断完善社会服务职能，从而实现幼有所育、学有所教、劳有所得、病有所医、老有所养、弱有所扶的目标。大学生作为社会经济发展未来的主力军，应该让他们认识到社会经济发展对民生的作用（这一关系和个人幸福与社会幸福的关系相似），并由此认识到个人价值的发挥对社会价值的作用，从而提升大学生的主观能动性，进而使大学生积极投身于创造物质财富的社会实践之中，最终为满足个人、他人以及社会发展需求而贡献自己的力量。

四、基于社会载体层面的思考

大学生虽然身处校园之中，但社会中的很多内容都会通过各种各样的途径渗透到校园之中，并对学生产生影响，尤其在信息化时代，信息的渗透更加便捷和快速，而所有能够负载信息的东西都可以称为载体。因此，对社会信息传递的载体进行分析，并借助这些载体去引导大学生幸福观的构建，就显得非常有必要。

（一）强化社会载体正向引导的重要性

社会载体作为信息传播的一个要素，在信息技术不断发展的今天，以网络、手机为代表的新型媒体，其影响力已经逐渐超越了杂质、报纸、广播、电视等传统媒体。的确，就大学生而言，新型媒体已经逐渐渗透到大学生学习和生活的方方面面，并对大学生的幸福观、价值观等产生着广泛的影响。网络的发展以及新型媒体的出现在一定程度上改变了我们的生活方式，也为我们的生活带来了极大的便利，但该载体所负载的信息鱼龙混杂，也会对大学生产生消极的影响，进而影响其幸福观的构建。

（二）关于社会载体负载消极信息的应对策略

上文提到了强化社会载体正向引导的重要性，而在众多的社会载体中，网络载体的影响最广泛，所以在此以网络载体为例，简要阐述如何应对网络中负载的消极信息。

1. 加强对网络的监管

针对网络上传播的负面信息，首先要做的就是阻断消极信息的上传，从源头上将其遏止。其实，近些年针对网络上的种种乱象，政府先后出台了一系列的政策，其目的就是要肃清网络。比如，早在2000年，国务院便通过并公布实施了《互联网信息服务管理办法》，其作用就是为了规范互联网信息服务活动，促进互联网信息服务健康有序发展。在2015年，国务院又对其进行了修订；在2021年1月8日，网信办官网发布通知，就《互联网信息服务管理办法（修订草案征求意见稿）》公开征求意见，这说明政府将对该"办法"做进一步的修改。如今，网络发展的速度越来越快，有些制度也许不能再适用于今天的网络发展现状，所以对其进行修订非常有必要，这也是国家对网络监管重视的一种体现。除了从国家层面制定相应的制度对网络加强监管外，学校也应该在学校范围内对学生网络使用的情况进行适度的监管，一方面过滤外界的消极信息，另一方面监督学生的网络使用情况，如果发现学生存在思想上的错误，便及时地加以引导和纠正。总之，无论是国家层面，还是学校层面，都应该加强对网络的监管，从而为大学生营造一个良好的网络环境。

2. 提升大学生的网络素养

加强网络监管主要是从客体的角度进行约束，即通过约束网络这一客体去构建一个良好的网络环境；而提升大学生的网络信息素养则主要是从主观的角度进行约束，即通过提升大学生的网络素养，提升大学生的自我约束力。虽然通过多种途径对网络进行监管能够有效净化网络环境，但为了避免矫枉过正，对网络的监督往往会有一个限度，这就不可避免地会导致一些消极的信息传递到大学生身边，所以提升大学生的网络素养，让大学生学会自觉地抵抗消极的网络信息就显得至关重要。

总之，就大学生幸福观教育的社会维度来看，应从社会制度、社会文化、社会经济以及社会载体多个层面着手，为大学生构建一个良好的社会环境，而良好的社会环境就如同丰沃的土壤一般，能够促进大学生幸福观这颗种子的萌芽。

第二节　大学生幸福观教育的高校维度

高校是大学生幸福观教育的主要场所，也是本章论述的四个维度中最核心的维度，所以应充分发挥其教育的作用。具体而言，高校首先应从宏观角度对大学生的幸福观教育进行渗透，然后再分别从思政课、其他课程以及理想信念三个方面进行渗透，从而实现对大学生幸福观的系统性教育，如图6-4。

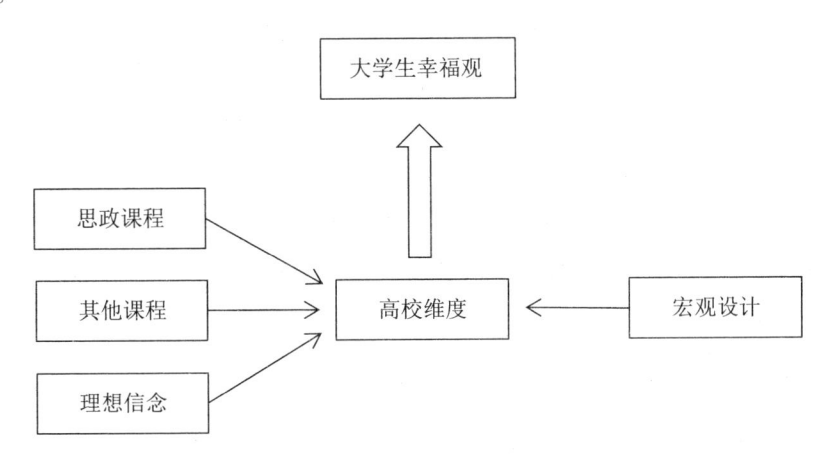

图 6-4　大学生幸福观教育高校维度的几个层面

一、从宏观上进行设计

高校针对大学生幸福观教育的宏观上的设计主要体现在两个方面：一是认知，二是目标。在认知上，高校应走出对学生幸福观教育认知的误区；在目标上，高校应针对大学生的幸福观教育设定明确的目标体，这是高校开展幸福观教育的一个行动指针。

（一）走出认知误区，优化高校思想政治教育

有些教育工作者对幸福观教育存在一些认知上的错误，他们认为大学生

的幸福观教育仅仅是思想政治教育体系中很小的一部分，甚至认为幸福观教育是包含在人生观、价值观之中的，不必将其独立出来。显然，这种认知是错误的。

首先，幸福观虽然属于人生观的组成部分，但其重要性决定了幸福观教育不能内隐在大学生的人生观教育中，而是需要将其独立出来，让学生对幸福观能够形成一个深刻的认知，并逐渐形成感受幸福、追求幸福和创造幸福的能力。

其次，幸福观教育作为思想政治教育体系中的一部分，与其他的部分共同构成了一个有机体，并且彼此之间存在着紧密的逻辑关系。这些组成部分之间彼此发生着联系，共同作用，如果厚此薄彼，或者缺少了某个部分，必然会影响思想政治教育体系的完整性。从表面上来看，大学生幸福观教育看似与大学生的专业能力、综合素质等关系不大，但如果对幸福观进行深入的剖析，便不难发现其与爱国主义教育、诚信教育、道德教育等有着紧密的联系。因此，高校应重视大学生的幸福观教育，使高校思想政治教育这个有机体的最终目标和最原始动力得以激发，使幸福观养成教育与其他元素之间更好地交互、协调、促进，进而使思想政治教育的有机体更好地平衡，发挥真正的育人功能。[1]

（二）设立目标体系，并将奋斗幸福观贯穿其中

目标体系的构建至关重要，因为只有明确了目标体系，高校针对大学生幸福观的教育才有了方向和标准。在设立目标体系时，高校应结合国家层面的幸福观目标以及时代发展对学生的要求，并依据"三位一体"的方案，设定三个层次的目标：第一，普世意义上的幸福观目标；第二，马克思主义幸福观目标；第三，当代社会主义中国的幸福观目标，如图6-5所示。

---

[1] 张琳. 马克思社会有机体理论对思想政治教育的启示 [J]. 思想教育研究，2010（11）：108-111.

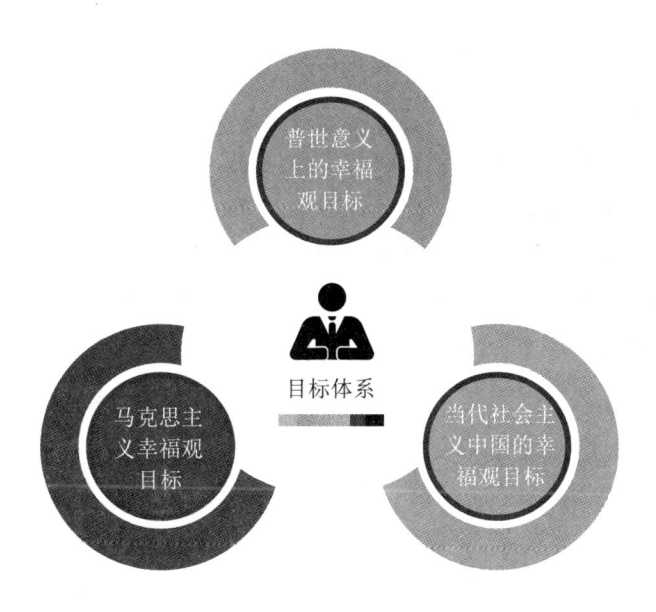

图 6-5 "三位一体"的目标体系

所谓普世意义上的幸福观目标，就是以社会大众对幸福的认知为依据，让大学生对这些幸福相关的理念形成认知，并建立相应的幸福观。马克思主义幸福观的目标就是以马克思主义幸福观为依据，让学生在马克思主义幸福观的指导下形成对幸福的科学认知，如精神幸福与物质幸福的和谐统一、个人幸福与社会幸福的和谐统一、享受幸福与创造幸福的辩证统一等。当代社会主义中国的幸福观目标就是以新中国特色社会主义幸福观为依据，并将社会主义核心价值观、中国梦等理念融入大学生的幸福观教育中，从而使大学生形成的幸福观更加符合我国当前的时代特征。

当然，上述目标体系是从宏观层面进行的宏观设计，在实际的操作中，还需要因地制宜、因时制宜，结合高校以及学生的实际情况做出适当的调整，并制订更加细化的目标。但无论怎样对目标进行调整，结合我国当前的时代特征来看，都需要在目标体系中始终贯穿一条红线，那就是奋斗幸福观。奋斗幸福观是一种科学的幸福观，强调幸福是奋斗出来的，尤其在新的时代，更是需要每个人不懈地去奋斗。具体而言，之所以要将奋斗幸福观贯穿在大学生幸福观教育的目标体系中，主要有如下三个原因。

1. 奋斗幸福观符合我国时代发展的要求

习近平同志在党的十九大报告中指出,中国特色社会主义已经进入新的时代。而在新的时代,大学生的使命也相应地发生了变化。如今,我国主要的社会矛盾已经转化为人民日益增长的美好生活需要和不平衡不充分的发展之间的矛盾,这是中国特色社会主义的一个时代特征,也是每一位大学生都应该认识到的时代特征。显然,在新的时代,要实现人民群众的幸福,就需要每一个人不懈地奋斗,所以当前的时代也是一个全民奋斗的时代。对于大学生来说,作为国家的未来,作为社会主义建设的接班人,他们同样应该怀揣奋斗幸福观,以奋斗作为自己幸福的一个重要源泉,从而在不懈的奋斗中实现个人幸福与社会幸福的时代目标。

2. 奋斗幸福观符合我国社会发展的规律

从中华人民共和国成立到今天,已经有七十余年的时间,在这七十余年的时间里,我国的经济实现了快速的发展,如今已发展为世界第二大经济体,这是一代代中国人努力奋斗的结果。当然,虽然我国在很多方面已经取得了优异的成绩,但距离民族的伟大复兴仍旧还有很长的路要走,所以还需要新一代中国人继续奋斗,这符合我国社会发展的规律。大学生作为国家的未来,作为社会主义建设的接班人,他们应该肩负起社会发展的重任,使奋斗成为自己的主旋律,从而在实现自身幸福的同时,也推动我国社会的进一步发展。

3. 奋斗幸福观符合大学生的身心发展特征

大学生的年龄普遍处在20岁左右,这一年龄阶段的学生大多具有崇高的理想,并且具有为理想实现而努力奋斗的激情,所以奋斗应该是大学生学习与生活中的主旋律。然而,有些学生在步入大学之后,却由于种种主客观因素的影响,变得懒惰、拖延,这显然不复合学生的身心发展特征,更不利于学生的成长和发展。而奋斗幸福观关于奋斗的阐述,能够让这些大学生深刻认识到奋斗的重要性,并再次唤醒大学生奋斗的愿望与激情,从而使大学生从懒惰、拖延中解脱出来,并为了自己的幸福去不懈地奋斗。

总之,奋斗是当前这个时代的主旋律,在设立幸福观教育的目标体系时,高校应始终将奋斗幸福观这条红线贯穿其中,从而使这个目标体系更加和谐统一,并推动目标体系的实现。

二、在思政课教学中融入幸福观教育

(一) 幸福观融入思政课教学的基本依据

1. 课程需要培养学生对幸福的根本认知

思政课教学的主要目标是通过更深层次的思想品德和法治教育来增强学生的发展意识，拓宽其发展视野，进而促进学生的爱国主义精神、社会主义与集体主义精神、理想信念、道德情操、法律责任意识等的发展。其中对学生理想信念和道德情操的培养本身就依托于正确的幸福观认知，即先认识人与社会的关系以及建立在这种关系之上的幸福内涵，这与课程中个人与社会的辩证关系认知在理论上相通，也是支持课程中人生价值、人生意义、理想信念与现实关系认知的基础。在新时代背景下，各阶段思政教育都强调了"中国正处于特色社会主义新时代""时代新人要以民族复兴为己任"的观念，这从侧面揭示了新时代背景下，面向学生思政教育需要以新时代幸福观教育作为基础。由此可见，思政教育不仅需要幸福观教育的支持，也能实现部分幸福观教育的功能。

2. 课程需要培养学生对幸福的条件认知

新时代幸福观教育是思政课的教学内容之一，但目前各年龄段思政教育中，思政教学课程体系中缺乏完整且成体系的幸福观教育课程，多数学校正在尝试设计校本特色课程，或者开发渗透教育模式。但在独立理论体系未完善时，新时代幸福观教育的理论支撑相对薄弱。[1] 因此，在思政课程设计中需要完善幸福观教育的内容与体系，并在独立幸福观教育课程体系成形前，需要通过思政课实现幸福认知、体验和幸福观重塑等教育目标。目前各阶段思政教育都涉及了人生价值及实践条件、个人理想与社会理想的辩证统一、集体主义与社会主义道德原则、掌握道德修养的正确方法、法律权利与法律义务等知识，此类知识均可以作为新时代幸福观教育的理论依据，由此帮助学生认识幸福本质、实现幸福的根基等。所以思政课教育有必要渗透幸福观

---

[1] 徐晓宁. 新时代大学生幸福观教育的新思考 [J]. 思想理论教育导刊，2017 (12) : 136-138.

教育，这一方面可以达到双重教育目标，另一方面可以帮助学生以幸福观来验证对思政理论的理解和认识是否正确，促进其思想修养发展。

3. 课程需要培养学生对幸福的拓展认知

核心素养视域下的教育更强调对学生的全面培养，大中小学各阶段的思政教育、幸福观教育都不应局限在狭义的理论体系内，一方面要做到融合认知，另一方面要做到与时俱进。学校传统幸福观教育多集中在对个体幸福、集体幸福等的综合认知方面，在对幸福的拓展认知教育方面有所不足，比如未能有效覆盖新时代幸福观教育所要求的生态幸福、国家层面的幸福认知教育等内容。因此，新时代思政课程内容也做出了相应调整。比如，新版中小学思政教材内容为相应的幸福观拓展教育提供了重要支持，如在社会公德教育中阐述了人与自然的关系，在爱国主义精神教育中渗透支持人民幸福、民族幸福和国家幸福概念辨析等。显然，高校也应该在这方面做出调整，从而实现对学生幸福认知的拓展。

（二）幸福观融入思政课教学的价值

1. 丰富思想道德和法治教育素材

新时代幸福观教育和思想道德、法治教育的理论基础相通，有着相通的价值观基础，幸福观的思想、理念更具现实意义，能够作为思想道德和法治教育的素材。新时代幸福观教育本身涵盖了对"人的本质""人与社会的关系""幸福的本质""创造与实现幸福的方法"等多种认知教育，其本身与中国特色社会主义新时代思政教育中的人生观、价值观、法治意识等内容有一定重叠，同时在对学生观念的培养上也有逻辑相似性，因此新时代幸福观教育具备在思政教育中渗透的基本条件。此外，新时代幸福观教育与思政课教育内容也较为相近，前者通过幸福教育来指导学生建立正确的人生观、发展观、道德和法律意识等，后者通过思想修养、政治观念、道德品质、法治意识教育等指导学生正确感知幸福，并维持追求幸福的动力，所以新时代幸福观教育在思政课中的渗透不仅具备可行性，还能为课程发展和本体发展提供充分支持。

2. 提升思想道德和法治教育感染力

大学思政课程内容理论程度偏高，这会在一定程度上限制学生学习兴趣的发展，使本课形成天然的学习门槛。新时代幸福观教育与本课教育相辅相成，能够互为补充或互为验证。与此同时，新时代幸福观教育大多强调贴近现实，需要学生在社会生活或社会实践中感知幸福、认识幸福、发现幸福的实现方法和路径等，这种教育内容和形式的可感知性较强，有助于消解课程内容偏理论化所造成的学生学习障碍。另外，新时代幸福观教育与传统思政课的教学形式存在差异，可以使学生从不同视角、在不同情境中重新认知思想道德和法治教育相关知识。比如，新时代幸福观教育中相对丰富的案例能够帮助学生更好地认知人的本质、理性人和社会人对人生应有的基本看法，其中现实案例不仅能够更为形象地展示理想的人生目标，也对学生具有较好的感染效果，使其在理解人生时获得相对具体的人生发展意识、行为理念等的参考，进而改善思政课的教学效果。

3. 拓展思想道德和法治教育形式

思政课教学最常见的教学形式为课堂教学，这使得课程教学的形式和方法相对单一。受先天多元智能差异等因素的影响，部分学生通过学习课堂理论来理解思想道德标准、法律制度时可能会存在一定障碍，这主要是由于课堂环境下的理论教育难以避免"教师主导"的情况，而且思政理论逻辑更依赖于哲学层面的思辨，因此可能出现学生主体性缺失的情况，这自然会限制学生的学习效果。而幸福观教育大多是贴近生活、贴近实际的，教育活动本身涉及许多实践活动，学生在基于幸福观教育的实践性学习中能够保持较高的自主性，有利于促进其理解思政课教育中基本的哲学观念，进而提升本课教学质量。因此。将幸福观教育融入思政课教育，有助于弥补其实践教育条件的缺失。比如，可以将对幸福本质的认知教育融入《正确认识人的本质》一课的教育中，基于生活的实践性教育可以让学生更理解个人的幸福表面上源于个人良好的感官体验和知觉，而这种感官体验和知觉的"良性"标准形成于社会互动与交流，即人对基本物质幸福的认知来源于社会意识而非人的原始的本原意识，同时也能发现人的精神幸福也有类似特征，由此学生更容易认识人和社会的关系。

（三）幸福观融入思政课教育的创新路径

1. 教育内容与理念的融合创新

新时代幸福观教育与思政课在教学内容上有一定的交叉，两者的理论基础、教育目标也有一定的重合，因此两者具备基本的融合条件。但这种融合不应是单纯地增加思政课的教学内容与版块，更重要的是从两者相同的理论基础出发，运用本课理论来解释新时代幸福观的内涵，使学生在学习思想意识、政治观念、价值观念、道德和法律意识的同时也充分认识幸福观念，同时也能将新时代幸福观作为检验思想道德和法治相关理论的证据，促进学生的思想道德品质与法治意识的全面发展。

首先，要在内容层面上对二者进行深层次的融合。结合各阶段思政课程结构设计来看，其与新时代幸福观教育的理论相关度较高，适合互为融合的内容主要包含时代责任、人与社会关系、理想信念教育、爱国主义精神教育、集体主义与社会主义精神教育、道德纪律与法治教育、团结与文化传承意识教育等。例如，时代责任相关的教学中可以融入集体幸福的认知教育，新时代幸福观进一步解释了马克思最高层次幸福（实现人自由而全面发展的条件），幸福观教育可以让学生更清楚地认识"建立崇高理想信念""担当时代责任和讲求奉献"的重大意义；又例如，在"理想信念""爱国主义精神""文化传承意识"等相关教育中，也可以融入对精神幸福的认知教育，相应的理论解释了人存在的内在价值，可以更准确地解释"人对精神幸福的追求是人存在和发展的主要动力"。总体而言，二者内容的融合应强调统一的理论基础而实现同步教育，在提升教育效率的同时拓宽学生的认知视野。

其次，要在教育理念上对二者进行深层次的融合。新时代幸福观教育与传统的思政教育理念不同，其更强调学生的主体性以及教育行动的人本性，这恰恰能够弥补一般思政课的形式问题。具体可以将以下两类幸福观教育理念融入思政课的教育中：第一，强调学生的主体性，基于幸福观教育的基本理念，唤醒学生的主体意识，让学生主动在生活和实践中体验并思考幸福的本质及实现方法，也在这种实践中回顾和检验思想道德和法治理论，由此对本课理论产生更完整的图式认知，进而提升学生的整体认知水平。第二，强调教育行为的人本性，传统思政理论教育更倾向于从宏观视野分析问题，反而会忽略人的个体差异,所以在教育过程中学生常处于"被动接受特定的哲学观念和逻辑"的状态。[①]幸福观教育应倾向于分析个体问题,即观察学生幸福观的认知误区等,由此定位并解决学生的问题,所以在教育过程中学生常处于"受人性化关怀影响的自觉地自我发展和矫正"的状态,很显然,后者的影响更加明显,也有助于提升本课教学质量。

2. 教育形式和方法的融合创新

幸福观教育的形式和方法与传统思政教育有很大不同,而这种差异恰恰能够弥补思政课教育形式的不足。笔者建议在思政课中充分融入幸福观教育的特色形式和方法,以此提升本课教学的感染力和教学成效。

首先,本课教学中宜融入幸福观教育的实践形式,同时也应借助新时代幸福观的实践活动来开展思想道德和法治的渗透性实践教育。新时代幸福观教育需要通过相当数量的社会观察与体验、观摩与学习、文化熏陶等活动来增强学生的幸福认知,这种实践性活动为学生提供了相对良好的"经验",有助于学生在深入学习思政理论之前提供"先验"认知,因而可以有效提升本课理论教学的质量。当然,要想实现这种效果还需要将本科理论教学和新时代幸福观的理论基础有效结合起来,除了上文中提到的将二者的内容进行有效融合外,本课教师还应在幸福观教育活动中设计适于开展渗透教育的本课内容,比如在以中国梦为主题的集体幸福观教育过程中,教师可以引导学生回忆和思考"个人理想与社会理想统一"的合理性,基于幸福观教育来有效增强学生的幸福理念。

其次,本课教学中宜引入幸福观教育中自我教育的方法。新时代幸福观教育不仅是对"幸福"概念的认知教育,更强调了对"幸福"实现途径和方法的主体认知和行动意识的教育,习近平总书记也多次强调"幸福是奋斗出来的……奋斗本身就是一种幸福",这种认知依托于实践,也更强调学习者的主体性,[②]因此新时代幸福观教育更倾向于学生的自我教育,使学生认识

---

① 毛静,李瑞琴."三全育人"背景下课程思政教学理念与实践方式探索:以《国际贸易学》课程为例[J].国家教育行政学院学报,2020(7):78-84.
② 曹银忠,闫兴昌.习近平奋斗幸福观的出场逻辑研究[J].理论导刊,2020(3):10-15,66.

到追求和实现幸福的必要性，也促使其形成主动奋斗并追求幸福的决心。个人认为也可以把这种理念融入本课教学中，不仅仅让学生理解思想道德和法治原则，帮助学生建立正确的人生目标和理想信念，更要引导学生为人生目标和理想信念而奋斗，同时也在生活中自觉践行道德和法治标准，由此把本课教育的理论成果转化为实践成果。

3. 教育实践和拓展的融合创新

在思政课中融入幸福观教育内容和理念更倾向于本课对幸福观教育的服务，在思政课程中融入幸福观教育形式和方法则更倾向于幸福观教育对本课的服务，这两种融合只是二者的互补，并未创新教育实践形式。对此，学校应积极开发新型实践教育和拓展教育渠道，进一步改造两类教育的融合发展效果。

首先，学校应打造多样化的融合课堂，打破思想思政教育、新时代幸福观教育的单一主体性，建构真正均衡融合的新型课堂，也为未来学校深入开发新型融合课程奠定良好基础。具体从教学创新实践来看，学校可以尝试在课外开展导学与实践融合的学习活动，引导学生通过社会观察、生活体验等方式自主探究思想、思政理论和新时代幸福观的理论关系，基于理论对个人观察到的他人的幸福进行分析和解释，在这种探究过程中深入认识思想道德和法治理论。

其次，构建多样化的新型融合教育环境。学校可以构建思想道德和法治实践、新时代幸福观推广相融合的校园文化，通过高度完善的校园文化来营造良好的教育环境，[1]促进学生正确构建个人理想信念、个人行为准则和个人幸福目标，进而强化学生的自我认同，充分地增强其奋斗意识，也使学生通过社会和生活实践来认清实现幸福的基本条件。与此同时，学校也可以主动加强家校共育合作，努力改善学生父母的价值观、人生观、幸福观，使学生的家庭环境能对其产生积极的影响，推动其充分融入追求个人幸福和集体幸福的实践中来。

---

[1] 柴素芳，李颖.思想政治教育关涉幸福的三个维度[J].思想教育研究，2019（7）：20-25.

新时代幸福观教育与学校思政教育的理论有一定的相通性，也有着相似的教育目标，所以新时代幸福观教育能够丰富本课教学素材、改良本课教学形式、拓展本科教学途径。当然，融合教育不仅是为本课服务，也能够提升新时代幸福观教育的效率和质量，在国家教育部门尚未建立新时代幸福观教育标准课程体系的情况下，学校有必要自主探索两课融合发展的方式和方法，做好对课程内容、形式等的深入创新。

三、在其他学科教学中融入幸福观教育

除了思政课外，大学生的幸福观教育还应该在其他学科中有所渗透，这样才够构建一个更加完善的幸福观教育课程体系。目前，我国高校的课程大致可以分为七类：文史哲类、社会科学类、理学类、工学类、经济管理类、外语类、艺术类。相较于思政课而言，虽然上述七类课程在内容上与幸福观的关联性较弱，但同样能够挖掘出与幸福观相关的内容，并且通过科际间的整合（包括思政课这一主课），也能够构建起一个更加完善的幸福观教育课程体系，如图 6-6 所示。因此，在其他学科中融入幸福观教育也显得非常有必要。

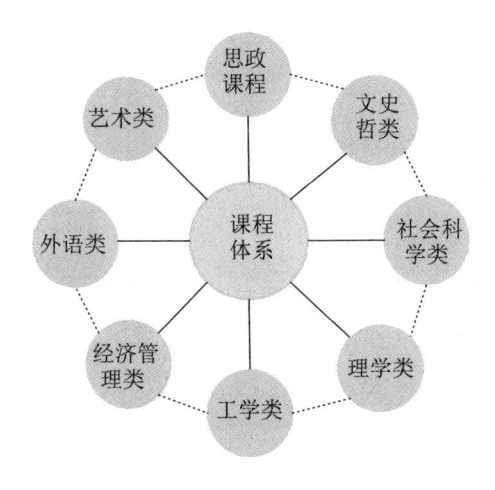

图 6-6 大学生幸福观教育的课程体系

（一）文史哲类学科中幸福观教育的融入

文史哲类学科主要涵盖文学、历史、哲学等学科类别，这类学科中有较

多的人文元素，其中便包含有关幸福的内容，教师应充分利用这些内容，指导学生构建科学的幸福观。比如，在哲学中，很多哲学家都就幸福进行过论述，这些论述有些仍旧具有指导意义，但有些已经不符合时代发展的特征，应该被摒弃。针对这些内容，教师可以让学生展开分析和辩论，并在学生分析和辩论的过程中予以指导，从而学生加深对幸福的认知。再如，在历史中，会涉及民族历史使命感、社会责任感、爱国主义情感等内容，这些内容和幸福观也有着紧密的联系，教师应充分利用这些内容，引导学生从个人幸福上升到社会幸福、国家幸福，从而使学生构建其更加完整的幸福观。

（二）社会科学类学科中幸福观教育的融入

社会科学类学科主要涵盖政治学、心理学、社会学、法学、教育学等学科类别。这类学科中也包含较多的人文元素，而且相关课程对社会问题的关注较高，所以在该类学科教学中，幸福观相关内容可以和社会现实相结合，这样可以引导学生从现实角度对幸福观进行剖析，从而让学生能够更好地把握个人幸福与社会幸福的关系。

（三）理学类学科中幸福观教育的融入

理学类学科主要涵盖数学、化学、物理、生物学、医学等学科类别，该类学科中包含的人文元素很少，所以要融入幸福观的教育有一定的难度。针对该类学科，其实教师不必强求，如果在不适宜的地方生硬地融入幸福观教育相关的内容，不仅会影响本学科的教学，而且还有可能引起学生的反感。因此，针对该类学科，教师应保持一个相对随和的心态，遇到适宜的内容便增加一些幸福观相关的内容，如果内容不合适，便已然放弃，踏踏实实讲好与本专业相关的知识。

（四）工学类学科中幸福观教育的融入

工科类学科主要涵盖电子信息、机械、建筑、材料等学科类别，该类学科与理学类学科类似，人文元素很少，所以也很难融入幸福观教育。因此，在总体思路上与理学类学科类似。但与理学类学科不同的是，工科类学科有较多的实践内容，教师可以借助实践为学生渗透一些幸福观相关的内容，如奋斗幸福观，从而让学生在实践中学会创造幸福。

（五）经济管理类学科中幸福观教育的融入

经济管理类学科主要涵盖经济学、管理学等学科类别。就人文性而言，该类学科介于社会科学和自然科学之间，虽然人文元素不是很多，但该类学科与现代社会有着紧密的联系，而且所具有的经济属性也可以作为幸福观教育的一个切入角度。幸福和经济的关系能够让学生更加深刻地认识经济的作用及其与幸福的关系。经济作为人生存的基础，虽然是必要的，但并不是全部，而有些大学生却过分看重经济的作用，这显然不利于科学幸福观的形成。在经济学课程中，学生可以从微观、中观、宏观等多个角度去认识经济，在这个过程中，教师可以适当融入一些与幸福观相关的内容，让学生在认识经济内涵和本质的同时，也将其和幸福关联起来，从而引导学生正确看待幸福和经济的关系，并逐步建立起科学、健康的幸福观。

（六）外语类学科中幸福观教育的融入

外语类学科主要涵盖英语、法语、日语、德育等语言类学科，该类学科的特征非常明显，即以语言知识为主。当然，要学习他国语言，必然要了解他国的文化，而这就是幸福观教育的一个切入点。在他国文化中，有一些内容会涉及与幸福观相关的知识，教师可以从中选取科学的幸福观，让学生在了解语言知识的同时也了解通过科学的幸福理念。另外，教师还可以将他国的文化和我国的文化进行对比，其中便可以包括幸福观的对比，相较于国外的幸福观而言，我国的幸福观更加符合我国时代与社会发展的特征，所以在对比中能够进一步凸显我国幸福观的优势，进而加深学生对我国幸福观的认知。

（七）艺术类学科中幸福观教育的融入

艺术类学科主要涵盖音乐、绘画、雕塑等学科类别。艺术性学科的特征也非常明显，就是具备很强的艺术性，从某种意义上来说，这也是一种幸福，因为无论是艺术欣赏，还是艺术创造，本身就是一种幸福。当然，有些学生由于一些因素的影响，可能忽视了艺术欣赏和艺术创造产生的幸福感，此时教师便可以从幸福观的角度出发，引导学生在艺术欣赏和艺术创造中去学会感悟幸福。另外，艺术的审美性还可以提升学生幸福观的层次和境界，这也是各类学科所独有的特征。

当然，在其他学科中融入幸福观教育时，有一个最基本的原则需要遵循，那就是教师必须要结合学科的教学内容与特征进行融入，不能为了融入而融入，而且幸福观教育不是主体，本学科的教学才是主体，切忌主次颠倒，本末倒置。

四、开展理想信念教育

理想信念是人精神力量的一个重要组成部分，具有怎样的理想信念，便可能引导什么样的幸福观，所以在幸福观教育的高校层面，针对大学生开展理想信念教育至关重要。

（一）理想信念的内涵

关于理想信念的内涵，我们不能将其简单地理解为理想和信念，也不能将其简单地理解为是理想和信念的叠加，而是需要对其进行深入的剖析。理想是个体对未来的一种追求和向往，它是基于现实之上的，具有超现实性和超自我性，但理想同时也是人们通过努力奋斗具有实现可能性的。信念，是对某种理论、思想、真理的坚信与价值认同的基础上超越现实、超越自我，坚信未来美好结果的稳定的自我意识，是坚信正确并把它奉为言行准则、深信不疑、执着追求的精神状态。从上述对理想和信念的界定来看，二者似乎属于两个不同的概念，但其实二者有着非常紧密的关系，理想是信念形成的一个基础，信念同时为理想提供支撑，没有理想，信念便缺少了形成的条件，而没有信念，理想实现的可能性将极大降低，二者相互作用，构成一个紧密的整体。

理想信念是把与未来的社会蓝图视为最高价值，高度地信服和敬仰，并以之统摄自己的精神生活，作为自己的精神寄托，矢志不渝、自觉追求的精神状态，它是对于与定社会理想的自觉认同和执着追求，是世界观、人生观和价值观的核心和集中体现。[①]

"理想信念"由"理想"和"信念"合成并作为一个统一体使用，其更多地强调了"信念"对人心的影响，用心性的力量支撑"理想"的翅膀。当"理想"成为一种"信念"，就会对人的行为起到根本的鞭策和激励作用；当用"信念"的力量去启迪和推动"理想"的实现时，"理想"就会获得强大的动力。因此，"理想信念"的概念实则是目标与动力的有机统一。[②]

理想信念就是理想和信念的有机统一体，二者相互作用，形成了一种精神力量，并持续地作用于个体，从而驱动个体实现其理想。

（二）大学生理想信念教育的作用

在新的时代背景下，更需要学生具有理想信念，才能在理想信念的驱动下去不断追求幸福，并最终获得幸福。具体而言，大学生理想信念教育的作用主要体现在如下几点。

1. 有助于提高大学生的人生境界

理想信念是大学生精神力量中的重要组成部分，在理想的驱动下以及信念的支撑下的，大学生能够不断提升自己，这种提升不仅是对学生能力的提升，也是对学生人生境界的提升。因为随着大学生能力的不断提高，随着大学生向理想的逐步靠近，大学生的内心和心灵也必然会更加充实和安宁，人生境界也自然会随之得到提升。

2. 有助于指引大学生的奋斗目标

奋斗幸福观强调奋斗的重要性，但只有奋斗也是不行的，还需要有奋斗的方向。的确，确立了积极奋斗的目标，奋斗才有了方向。显然，理想信念的确可以成为大学生的奋斗目标，并使学生能够看到未来的曙光和希望，进而不迷失人生的方向。

3. 有助于大学生幸福的追求与实现

在新的时代，奋斗是追求幸福和实现幸福的一个要素，而通过奋斗去实现幸福也是科学幸福观的一种体现。理想信念的确立能够为大学生指明奋斗

[①] 陈娟，林颖，陈应娣. 大学生思想政治教育新论 [M]. 北京：海洋出版社，2016：58.
[②] 肖祥. "中国梦"与大学生理想信念教育研究 [M]. 广州：暨南大学出版社，2017：23.

的方向，并同时成为大学生奋斗的内驱力，进而不断驱使大学生为了幸福的实现而不断奋斗，最终使大学生在不懈的奋斗中获得幸福。

（三）大学生理想信念教育的路径

理想信念对大学生科学幸福观的构架具有非常积极的促进作用，所以如何开展幸福观教育是值得教师们思考的一个问题。大学生理想信念教育可从如下几个方面展开。

1. 丰富大学生理想信念教育的内容

教育内容是学生教育中的一个核心，要使大学生的理想信念教育取得实质性的效果，就需要结合时代发展的特征以及学生实际去完善理想信念教育的内容。

首先，大学生理想信念教育的内容应紧密联系学生实际，以此来增强教育内容的针对性。理想信念教育指向的是大学生，其教育内容不能偏离学生实际，应全方位考虑大学生的内在需求，同时侧重于解决学生学习与生活中遇到的实际问题，这样才能对学生起到更好的引导作用。

其次，大学生理想信念教育应紧密联系社会实际，以此来增强教育内容的时代性。虽然在不同的时代，教育的本质目的是相同的，但由于时代特征不同，教育的内容也会发生变化，所以为了使理想信念教育更加贴合时代发展，其教育内容应紧密联系社会实际。

最后，大学生理想信念教育应紧密联系联系第二课堂，以此来增加教育内容的实践性。大学生的理想信念教育应理论结合实际，其中，理论是实践的指导，而实践是理论的延伸和拓展，并且通过实践可以加深学生对理论知识的认知，所以大学生的理想信念教育也应做到理论和实践的有机统一。

2. 创新大学生理想信念教育的方式

教育方式也是学生教育中的一个核心，对于提升教育效率具有非常积极的作用，所以除了丰富教育的内容之外，还应该创新理想信念教育的方式。

首先，倡导双主体的教育模式。现代教育理念强调学生主体作用的发挥，所以大学生理想信念教育应该注重教师和学生主体作用的同步发挥，这样才能最大限度地调动学生学习的积极性，也才能让学生在自主探究中加深对知识的理解和认知。

其次,倡导环境育人的模式。在大学生理想信念的养成中,环境发挥着重要的作用。正所谓"蓬生麻中,不扶自直;白沙在涅,与之俱黑",这在一定程度上反映了环境教育的重要性。对于大学生的理想信念,这属于一种精神力量,所以受环境的影响很大,因此,学校可采取环境育人的方式,让大学生在良好的环境中确立理想信念。

3. 完善大学生理想信念教育制度

完善教育制度是指大学生理想信念教育活动的制订、实施、评估、总结等各个环节紧密联系到一起,并使其成一个规范体系。为了有效完成高校大学生理想信念教育制度的体系化建设,可以从领导机制、保障制度、考核评价三个方面着手。

首先,在领导机制上,要加强组织领导,发挥高校领导者的作用,积极带动教师和学生参与到理想信念教育中。与此同时,为了更好地落实,高校领导者还应该从宏观上制订一些规划,从而指导具体实践的落实。

其次,在保障机制上,主要做好两个方面的保障。一是人员保障,即保障有足够的教师能够投入大学生理想信念教育中,二是经济保障,即为大学生理想信念教育的实施提供较为充足的经费。

最后,在考核评价上,也主要从两个方面做出思考。一是评价标准,即要设置科学的考核标准,这是有效实施评价的一个基础。而是要采取多元化的评价模式,即对教师的教学评价要从教学任务出发,并综合考虑其承担的教育职责、工作难度、工作强度等因素,从而给出综合性的评价,这样的评价才更加科学和合理。

总之,理想信念也是大学生构建科学幸福观的一个重要支撑,以此从高校的维度出发,除了在课程上融入大学生的幸福观教育,还应该增加大学生理想信念教育,从而在多方面的作用下促进大学生科学幸福观的构建。

第三节　大学生幸福观教育的家庭维度

根据附录一调查的结果显示，在大学生选择的幸福的影响因素中，家庭和睦这一选项的比例非常高，由此可见家庭对个人幸福及其幸福观的影响是不容忽视的。家庭是个人生活的最小单位，这是一个人成长和生活中最重要的环境之一。从某种意义上来说，学生从小生活在怎样的环境中，便可能形成怎样的幸福观。对于大学生来说，虽然在步入大学后其学习和生活的主要场所变为了学校，但家庭仍旧是他们的一个港湾，家庭对他们的影响仍旧在延续，所以在大学生幸福观教育中，家庭因素依旧是必须考虑的一个维度。具体而言，基于家庭维度的思考主要体现在如下三个方面（如图6-7所示）。

一　倡导家长教育　提升家长素养
二　构建和谐幸福的家庭氛围
三　注重原生家庭的创伤阻断

图 6-7　基于家庭维度的大学生幸福观教育的三个方面

一、倡导家长教育，提升家长素养

（一）家长的功能及家长教育的重要性

1. 家长的功能

了解家长的功能，是认识家长教育重要性的一个前提，也是对家长进行教育的一个前提。关于家长的功能，在很多人的认知里可以用两个字概括——养育，即抚养和教育。其实，家长的功能并不局限在这两个方面，家长的功能可概况为如下几个方面。

（1）生、养、育的功能

（2）照顾保护的功能

（3）教育的功能

（4）情感和爱的功能

①提供情感支持——自信，能力感，社会适应。

②依恋亲密与依恋自立的作用。

（5）娱乐的功能

（6）经济的功能[①]

由此可见，家长的功能比我们普遍认知的功能还要广泛，这也说明了家长对孩子的影响也将是广泛且深远的。

2. 家长教育的重要性

从上文对家长功能的分析可知，家长对孩子的影响是广泛且深远的。关于这一点，很多学者都持肯定的态度。比如，英国教育家斯宾塞在他的《教育论》一书中说："子女的生与死、善与恶，都在于父母怎样教养他们。"[②]的确，如果将父母比喻成弓，那孩子就是搭在弓上的箭，这支箭射向哪里，在很大程度上取决于弓。心理学上也对家长和孩子的关系进行过比喻，即家长是孩子的一面镜子，家长的行为举止会映射到孩子身上。家长的身心发展已经非常成熟，其幸福观也已经比较稳定，这些幸福观会映射到孩子身上，如果家长的幸福观是消极的、不健康的，那么孩子的幸福观也可能会是消极的、不健康的，所以对家长进行教育非常有必要。其实，关于家长教育的理念很早之前便提出来了，但很多家长的观念比较落后，在他们的观念里，需要接受教育的是学生，而非家长，但其实很多家长都需要接受不同程度的教育，这样才能成为一个更好的家长，进而对自己的孩子产生积极的影响。

（二）家长教育的目标

关于家长教育，综合来看，目标是为了提升家长的素养，如果具体开来，

[①] 郭静晃. 亲职教育：理论与实务 [M]. 台北：扬智文化，2005：23.

[②] 赫伯特·斯宾塞. 教育论 智育、德育和体育 [M]. 王占魁，译. 北京：中国轻工业出版社，2016：36.

大致表现在如下三个方面。

1. 提升家长的道德素质与人格素质

家长的道德素质与人格素质直接影响家长对待周围事物的态度，并影响家长的行为，而这些外化的态度和行为会对学生产生影响。与此同时，根据前文对幸福的相关论述也可以知道，道德素质与人格素质是幸福观的思想基础，如果缺乏了这两个基础，那么所形成的幸福观也可能是不完善的。因此，家长教育的首要目标就是要提升价值的道德素质与人格素质。

2. 使家长对幸福形成比较深入的认知

在我国传统教育中，关于幸福观的教育很少，所以很多家长对幸福的认识普遍比较浅显。当然，很多家长在本质上的认知是正确的（如能够认识到幸福是需要劳动和奋斗的），但由于认知比较浅显，不能深入剖析其内涵，所以在对孩子的教育中也只能采取简单直白的说教方式。然而，对于大学生来说，虽然他们已经不再像青少年阶段那样叛逆，但仍旧对直白说教的教育存在一定的抵触心理。因此，使家长对幸福形成比较深刻的认知，并让家长学会与孩子沟通，同样是家长教育的一个目标。

3. 使家长学会尊重和理解孩子

受传统宗族观念的影响，很对家长认为自己作为孩子的父母，有权利约束孩子的行为，即便孩子已经考上大学，已经具备了独立生活的能力，仍旧会替孩子规划一切，甚至不考虑孩子的需求和理想。血缘关系作为人类非常重要的一种组织形态，早在原始社会时期便初步形成了，而经过长时间的发展，以血缘组成的家庭已经成为人类最重要的一种组织形态，尤其在重视血缘关系的中国，家庭观念早已深入人心。但是，家庭观念并不是束缚孩子的一个绳索，这样只会影响孩子的成长。试想，如果家长事事约束孩子，学生又怎么可能对幸福形成正确的认知呢。因此，家长应学会尊重和理解孩子，让孩子能够按照自己的意愿（只要是正确的）自由地成长和发展。

（三）家长教育的途径

家长作为大学生幸福观教育的一个重要力量，只有家长自身的素质得到提升，才能更好地引导孩子构建正确的幸福观，也才能用自身的力量去影响孩子。至于如何开展家长教育，可以从国家、社会组织和高校三个层面展开。

1. 国家应加强宣传和引导

关于家长教育，近些年的呼声一直在提高，因为家长在孩子的成长中扮演着重要的角色，但是，就目前的学界而言，还没有对家长教育形成统一的概念和认知。造成这一现象的原因主要有两个：一是社会生活节奏在不断加快，这在一定程度上挤压了家长学习的时间；二是家长教育综合了多个学科的知识，目前还没有发展成一个领域。因此，站在国家的层面来看，国家目前可先从宣传和引导着手，为家长宣传和渗透一些家庭教育有关的内容，从而逐渐引起家长们的重视。

2. 社会组织协助辅助家庭教育

社会组织是公共关系的三大构成要素之一，在社会公共服务中发挥着至关重要的作用。社会组织可分为营利性社会组织和公益性社会组织。营利性社会组织主要指一些以营利为目的教育教育机构，他们从事家庭教育服务、家庭教育咨询等工作，能够为家长提供他们所需要的服务。公益性社会组织是指一些不以营利为目的的社会团体，他们免费为家长提供咨询服务，目的在于促进家庭教育和家庭和谐。无论是哪种社会组织，在家长教育中都发挥着重要的作用，他们对家长进行教育，帮助家长更好地教育孩子，同时增进家庭成员间的关系，促进家庭的和谐与健康。

3. 高校可借助网络加强对家长的教育

相较于中小学而言，高校与学生家长之间的联系不是非常紧密，一方面是因为大学生大多已经成年，初步具备了独立生活的能力，另一方面是因为高校的招生对象来自全国各地，高校很难与学生家长实现面对面的交流。但是，高校拥有着丰厚的教育资源（尤其在人力资源上），而且学生家长对高校的信任度也更高，所以在家长教育中，高校的作用是不能忽视的。高校可以借助网络的便利性，对学生家长进行远程教育。比如，高校可以建立家长群，定期在群里分享一些与家长教育有关的知识，然后由专门的教师负责，与学生家长进行沟通和交流。再如，高校还可以在各个自媒体平台上创建自己的自媒体账号，并邀请家长关注，然后定期在自媒体账号上分享与家长教育有关的内容，并通过评论区或后台与学生家长进行交流，进而促进学生家长的提升。

二、构建和谐幸福的家庭氛围

和谐的家庭氛围能够让学生更好地感受幸福和认识幸福,并有助于学生养成健全的人格,所以构建和谐幸福的家庭氛围在大学生幸福观教育中也显得非常有必要。

(一)和谐幸福家庭氛围的要素

和谐幸福的家庭氛围能够为大学生幸福观的养成提供支撑,那怎么样的家庭才算是和谐幸福的呢?由于文化、认知、性格等方面的差异,和谐幸福家庭并没有一个明确的标准,但综合来看,和谐幸福的家庭至少要具有两个要素:家庭关系融洽、家庭中充满理解和尊重。

1. 家庭关系融洽

融洽的家庭关系是和谐幸福家庭不可或缺的一个要素。那怎样的家庭状态才算是融洽的呢?简单来说,就是家庭成员之间相处融洽,家庭生活其乐融融。当然,融洽的家庭关系并不代表着家庭成员之间没有争吵,这是在所难免的,而是在出现争吵后,家庭成员彼此之间能够心平气和地进行沟通,然后一起解决问题,最后快速回归到融洽的状态。

2. 家庭中充满理解和尊重

对于家庭中的成员来说,彼此之间应该学会尊重和理解,因为每个人都有自己的思想,尤其对于父母来说,当孩子逐渐长大,有了独立的思想后,父母更应该学会尊重孩子的意愿。而作为孩子,同样要学会尊重父母。这样,在家庭成员相互的尊重下,家庭才会更加和谐幸福。

(二)和谐幸福家庭氛围的构建

和谐幸福的家庭氛围作为大学生幸福观教育的一个重要支撑,如何构建和谐幸福的家庭氛围是我们关心的一个问题,也是众多家长关心的一个问题。和谐幸福家庭的构建可以从如下四个方面着手。

1. 注重家庭三观的建设

三观指世界观、人生观、价值观。从某种意义上来说,幸福观属于三观的组成部分,但同时也是三观的一种综合性的映射,所以家庭中的三观培育也会影响大学生幸福观的形成。对一个家庭来说，其成员间的三观往往比较接近，中国有句俗语"不是一家人，不进一家门"，便能够在一定程度上反映这种现象。由此可见，如果一个家庭的三观是正确的，那便可以对大学生幸福观的养成产生积极的影响，反之，如果一个家庭的三观是病态的，那对学生幸福观的养成将产生消极的影响。因此，家长需要重视整个家庭三观的建设。

2. 注重家风建设

所谓家风，就是指一个家庭或家族基于婚姻或血缘关系不断相传的道德信念和处世之道等，与一个家庭或者家族的贫穷与富有、社会地位高低没有关系。家风属于精神层面，属于意识形态范畴，其主要是指一个家庭或者家族的思想意识方面的传统，即家就是一个家庭或者家族的传统风尚、风格等。良好的"家风"通过世代相传，使许多代人受益。不良的"家风"则会因为一代一代地相传，使许多代人受损。[①]的确，好的家风对于家庭成员而言是一种约束，这种约束是积极的、健康的，能够促使家庭成员向着好的方向发展，也能够促使家庭变得更加和谐幸福，最终使家庭成员更好地感受幸福和得到幸福。其实，中国自古就重视家风的建设，虽然随着时代的发展，家庭的功能发生了一些改变，但家风建设是不会改变的，这是每一位家长都应该坚持和践行的。

3. 注重家庭道德建设

道德作为幸福的一个重要支撑，缺乏道德的幸福是难以持久的。同样，和谐幸福的家庭也同样需要道德的支撑。由此可见，幸福、道德与和谐家庭之间，三者有着紧密的联系。其中，道德是幸福和谐的支撑，而幸福家庭又是幸福的一个支撑，与此同时，幸福的获得又会反过来作用于家庭的和谐以及道德的养成，如图6-8所示。因此，站在家庭的维度上，家庭道德的建设也至关重要。

---

① 赵忠心. 家庭教育学：教育子女的科学与艺术[M]. 北京：人民教育出版社，2001：238.

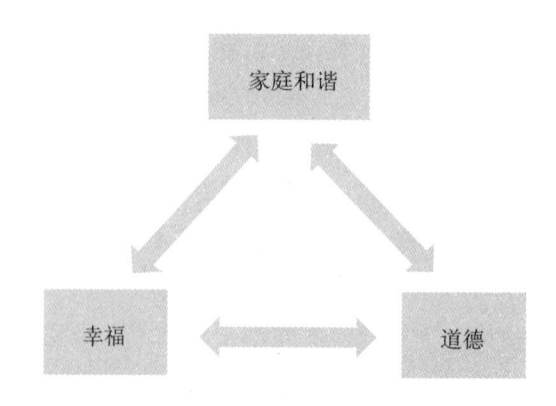

图 6-8 道德、幸福、家庭和谐的相互作用关系

4. 注重家庭情感建设

情感是联结家庭成员之间的一个纽带,在上文分析家长的功能时,其中一个功能便是"情感和爱的功能",这是一个和谐幸福家庭中不可或缺的。不难想象,当一个家庭成员彼此之间能够相互关爱、相互尊重、相互照顾时,那么这个家庭也自然会更加和谐幸福,而生活在这个家庭中的学生,通常也善于与他人相处,能够更好地去处理人际关系,幸福观的取向也往往比较健康和积极。

三、注重原生家庭的创伤阻断

原生家庭区别于个体成年后所组建的新生家庭,是指个人出生后被抚养的家庭,是个体情感经验学习的最初场所。在这个环境中,个体开始最初的生理心理、情绪情感层面的学习。[1]原生家庭对个体的影响是深远的,包括积极的影响和消极的创伤。本节前面两点便是从家庭积极影响的方面切入的,强调学生家长要提升个人素质,要构建和谐的家庭氛围,从而为学生健康幸福观的构建提供支撑。当然,原生家庭也可能会对大学生造成创伤,这种创伤即包括重大事件导致的心理创伤(如父母离婚、家人去世),也包括大学生在成长过程中所遭受的不良体验,如失望、自卑等。原生家庭造成的创伤会对大学生产生非常消极的影响,包括影响大学生科学幸福观的构建。因

---

[1] 赵郝锐. 大学生的原生家庭与心理适应[M]. 银川:宁夏人民教育出版社,2018:7.

此，从原生家庭所造成的创伤层面进行分析，并探索如何阻断这种创伤就显得非常有必要。

（一）原生家庭造成创伤的原因

原生家庭造成创伤的原因是复杂的，而且不同家庭之间也存在差异，但综合来看，至少包含如下两点原因。

1. 错误地表达爱

对于父母而言，没有不爱孩子的父母，但在爱的表达上，很多父母却采取了错误的方式，这是导致孩子心灵遭受创伤的一个重要原因。比如，在学习的问题上，父母都希望孩子能够取得一个好的成绩，考上一个好的大学，这样未来的道路才会更加平坦。这种殷切的希望是一种爱的体现，但在表达这种爱时，有些父母却不知道怎样表达，导致他们对孩子的关心反而以打骂的形式出现，而打骂非常容易导致孩子形成自卑、怯懦的心理，甚至形成人格上的缺陷，这种心理以及人格上的缺陷甚至会跟随孩子到成年，而根据前文对大学生人格的论述可知，人格的缺陷是影响大学生构建科学幸福观的一个要素，所以在爱的表达上，父母应学会正确的方式。其实，爱不仅仅是一种感觉，更是一种行为方式，如果忽视了行为方式，那么感觉便会消散，而爱也会随之消散。

2. 父母推卸自己的责任

父母的角色决定着父母的责任，但在现实社会中，有些父母却认识不到自己的责任，甚至推卸自己的责任，或者将这些责任转移到孩子身上。其实，父母与孩子角色倒置的现象并不少见，父母仅仅在衣食上满足孩子的需求，却忽视孩子情感上的需求，甚至还要求孩子体谅父母。对于儿童或青少年来说，他们正处在需要关怀和爱的年龄，如果父母不能满足他们对情感的需求，那么这些孩子很可能会通过其他的途径去满足爱的需求，这就容易导致孩子形成比较畸形的幸福观。这种畸形的幸福观可能会伴随孩子一直到成年，甚至伴随其一生。

（二）原生家庭创伤阻断的策略

原生家庭对学生造成的创伤容易导致学生封闭自我，或者导致学生对幸福形成错误的认知，这样会极大地影响幸福观教育的效率。针对大学生原生家庭对他们造成的创伤，可以从下述两个方面做出尝试。

1. 加强社会宣传，引导父母阻断对孩子的创伤

我们分析了原生家庭造成创伤的原因可知，父母很多时候的言语和行为都是无意的，也不认为会对孩子造成心理上的创伤，这是因为很多父母其实并不懂得如何教育孩子，他们动辄打骂，认为这样便可以树立自己的权威，并让孩子向着好的方向发展，殊不知这反而对孩子造成了心理上的创伤，更不利于孩子的发展。基于此，应加强家庭教育相关内容的宣传，尤其要加强原生家庭所造成的创伤的危害，以此让更多的家长认识到自己言行的错误，进而主动阻断对孩子造成的创伤。

2. 高校加强对大学生的心理教育和心理辅导

原生家庭造成的创伤大多是心理层面的，所以通过心理教育和心理辅导也能够有效阻断原生家庭造成的创伤。首先，高校可以开设心理健康教育课程，以此来提高大学生的心理素质，并引导大学生养成积极、乐观的心理品质，同时增强大学生自我调控、承受挫折的能力，进而为大学生原生家庭创伤的阻断提供了良好的心理支撑。其次，高校还应该设立专业的心理咨询部门，为大学生提供免费的心理咨询服务，因为有些大学生的心理创伤比较严重，这时就需要专业的心理辅导，帮助学生阻断创伤，并逐步带领学生走出原生家庭创伤的阴影。

第四节 大学生幸福观教育的个人维度

本章前三节提到的三个维度都是从外在的维度去论述的，而本节是针对大学生个体这一内在维度展开的。大学生幸福观教育指向的是大学生这一群体，所以最终还是要落到学生身上，而且现代教育强调的是学生主观能动性的发挥，因此，大学生个体维度的分析是必不可少的。关于大学生个体维度的幸福观教育重心在于发挥学生的主观能动性，所以应从如下三个方面做出思考（如图6-9所示）。

大学生个体维度的幸福观教育
- 树立科学幸福观构建和不良幸福观抵制的自觉意识
- 提高精神境界与需求层次
- 提升获取幸福的能力

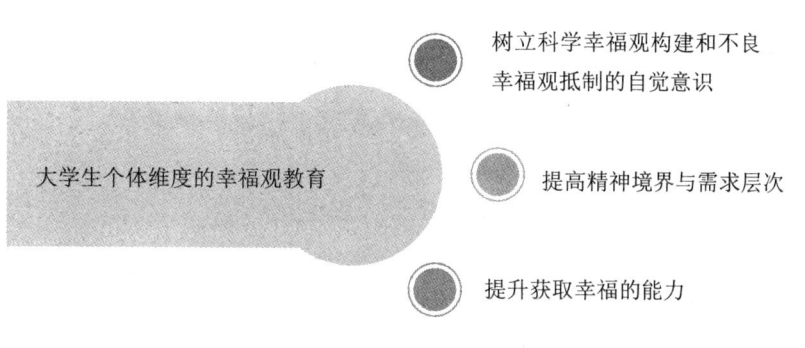

图 6-9　大学生幸福观教育个人维度的三个方面

一、树立科学幸福观构建和不良幸福观抵制的自觉意识

自觉意识是一种内在自我发现、外在自我改变的一种自我解放意识。自觉意识并不是凭空产生的，它必定有一种内驱力的推动，这种内驱力虽与教育相关，但不是教育本身，而是人在自身内部需要的基础上产生的一种内部唤醒状态或紧张状态，表现为推动人的活动以达到满足需要的内部动力。[①] 在大学生幸福观构建的自觉意识上同样如此，教育属于外在的影响因素，在外在因素的影响下，还需要学生内驱力的作用，从而表现为一种自觉意识。关于大学生幸福观构建中的自觉意识，主要体现在两个方面：意识要自觉构建科学的幸福观，二是要自觉抵制不科学的幸福观。

（一）树立科学幸福观构建的自觉意识

自觉意识是大学生构建科学幸福观的一个内在支撑，大学生只有将幸福观真正内化于心，才会使幸福观由内而外地外化为具体的行为以及对待生活的态度。具体而言，大学生自觉意识的树立主要体现在如下几个方面。

1. 自觉认识科学幸福观的意义

幸福观是一种抽象的概念，虽然很多大学生都能够认识到构建科学的幸福观是正确的，但由于幸福观的抽象性，使得很多大学生对其实效性有所怀疑，这种疑虑容易导致大学生幸福观构建的积极性，进而影响幸福观教育的

---

① 曾汉君.在高校思想政治理论课教学中培养大学生的文化自觉意识[J].教育探索，2014（1）：127-128.

效率。其实，关于科学幸福观的意义，很多学者已经有了清晰的论述，所以其价值是毋庸置疑的。不可否认，质疑是一种优秀的品质，质疑有助于大学生的进步，但如果仅仅停留在质疑上，也是没有意义的，而是要在质疑的基础上去进行探究。因此，针对幸福观意义存在的质疑，大学生可以去积极地进行探究，这样不仅有助于学生对此形成清晰的认知，更有助于学生发自内心地理解科学幸福观养成的意义，进而将科学的幸福观内化。

2. 自觉了解科学幸福观的时代内容

随着时代的发展，幸福观的内容也在相应地发生变化，所以大学生应自觉结合时代发展的特征，跳出传统幸福观的限制，从而构建符合时代发展特征的幸福观。在大学生科学幸福观构建的过程中，传统幸福观是一个重要的理论指导，具有一定的学习和借鉴价值，但有些内容因为不合适时代发展的特征，所以要将其摒弃。其实，包括任何知识的学习都是如此，要与时俱进，与时代互为一体，这样才能顺应时代发展的浪潮，并在时代性的规定下更好地获得幸福。

3. 自觉拓展幸福观的内涵

关于幸福观的内涵是非常丰富的，但由于幸福观具有主观性，而且时代也在不断发展，所以幸福观的内涵既可以由个体进行主观上的拓展，也可以结合时代发展进行客观上的拓展。对于大学生来说，不能局限于他人对幸福观的剖析和认知，而是应该要结合自身以及时代特征对幸福观的内涵进行拓展和延伸。就时代性而言，新时代的幸福观强调奋斗的重要性，也强调幸福的共享共建，这是学生需要认知的。就大学生个体而言，他们可以不断提升自己的精神境界，不断提升自己的需求层次，从而使自身对幸福观的认识以及构建的幸福观也获得层次和境界上的提升。

（二）树立抵制不科学幸福观的自觉意识

不科学的幸福观会对大学生的成长和发展造成消极的影响，所以大学生在自觉构建科学幸福观的同时，还需要自觉抵制不科学的幸福观。尤其在信息技术快速发展的今天，网络上的各种信息铺天盖地而来，要加强网络的监管，归根到底还需要能够自觉地抵制不科学的幸福观。具体而言，大学生抵制不科学幸福观的自觉意识主要体现在如下四个方面。

1. 自觉抵制极端的物质主义幸福观

极端的物质主义幸福观过度强调物质的作用，甚至将物质财富等同于幸福，其表现形式为功利主义、拜金主义。物质是幸福的一个基础，而且是不可或缺的一个基础，但将物质等同于幸福，显然是一种错误的观点，因为人不仅具有自然属性，还具有超出自然性的属性，这就决定了人幸福的获得不仅仅依靠物质，还依靠其他的内容，如精神。如果将物质等同于幸福，那么个体在物质的追求中就会变得毫无底线，甚至会危害他人的利益，这样获得幸福是没有价值的，而且也是短暂的。因此，大学生应自觉抵制极端的物质主义幸福观。

2. 自觉抵制享乐主义幸福观

享乐主义幸福观认为人最大的幸福就是快乐，表现为及时行乐。不可否认，快乐确实是幸福的一个重要元素，而且人也应该珍惜当下，但快乐并不是幸福的全部，因为快乐带来的幸福大多是感官上的，属于浅层的幸福，如果将其看作是幸福的全部，那无疑是狭隘的、浅薄的。可以想象，如果大学生受享乐主义的影响，"今朝有酒今朝醉"，不去为了明天而奋斗，那当明天到来的时候，学生们将会感受到加倍的痛苦和负担。由此可见，享乐主义是一种短浅的消费观，大学生应自觉抵制这种消费观，从长远的角度去看待自身的成长，从而构建有助于自身长远发展的幸福观。

3. 自觉抵制极端个人主义幸福观

个人主义是一种强调个人自由、个人利益的观点，表现为以个人为中心，反对一切权威对个人的支配。大学生普遍具有较强的个人意识，甚至表现出一定程度的个人主义，这一点其实无可厚非，因为作为一个独立的个体，他们需要对自己负责，所以追求个人的自由、追求个人的利益也符合时代的人类的特征。然而，极端的个人主义过分以自我为中心，甚至为了达到目的可以损害他人，甚至国家的利益，这显然不符合时代特征。因此，大学生应自觉抵制极端的个人主义幸福观，要看清该幸福观的错误本质，并从个人和国家的层面去思考幸福的真正含义，从而将个人幸福同社会幸福与国家幸福紧密地联系到一起。

4. 自觉抵制极端自由主义幸福观

自由是现代社会每个人都追求的权利，而且每个人也都得到了相应的自由。此处为什么说是相应的自由呢？因为真正的自由并不是没有限制的，而是需要在一定的社会规范下活动。以人的交通自由为例，是在交通规则的约束下人们的出行更加自由呢？还是在没有交通约束下人的出行更加自由呢？答案显而易见，如果没有交通规则的约束，那道路必然会陷入混乱，人的自由反而会被更大限度地限制。因此，现代社会强调的自由是遵守社会规范的自由，而不是绝对的自由。然而，一些西方国家却鼓吹绝对的自由，这种自由显然是一种极端的自由主义，不利于个人的长远发展，更不利于社会的安宁与稳定，所以大学生应自觉抵制这种错误的幸福观，分清真正的自由和绝对自由之间的本质区别，进而使自己在真正的自由中获得幸福。

二、提高精神境界与需求层次

大学生的精神境界与需求层次在一定程度上影响着幸福观的构建，通常来看，精神境界越高，需求层次越高，大学生所构建的幸福观层次也越高。同时，精神境界的提升也有助于学生内驱力的增强，进而更加积极主动地去构建科学的幸福观。因此，对于大学生而言，应对自己提出较高的要求，并不断地提升自己的精神境界和层次需求。具体而言，大学生精神境界和需求层次的提升可以通过如下两点去实现。

（一）筑牢自己的理想信念

理想信念作为个体的一种精神力量，除了通过学校这一外在客体的作用外，还需要学生自己这一主体的内在作用，从而筑牢大学生的理想信念。

首先，大学生应加强自我教育。关于自我教育，这是大学生自我意识的一种体现，也是大学生主观能动性充分发挥的一种体现，尤其在倡导终身学习理念的当下，自我教育显得更加重要。从上文对理想信念的分析可知，理想信念具有一定的稳定性，但由于大学生的身心发展还不是非常成熟，容易受到外界因素的影响，进而影响其理想信念。因此，作为新时代的大学生，应时刻提醒自己，并严格要求自己，通过自我教育坚定自己的理想信念。

其次，用马克思主义引导自己的理想信念。马克思主义是指导思想最基本的理论武器，用马克思主义引导自己，不仅有助于大学生树立正确的价值观，还有助于大学生明确人生方向，端正人生态度，这些都有助于大学生坚定自己的理想信念。因此，大学生应积极阅读马克思主义相关的著作，并以马克思主义武装自己，从而在马克思主义的指导下筑牢理想信念。

最后，用民族精神和时代精神进一步巩固自己的理想信念。在中华民族五千年的历史长河中，形成了伟大的民族精神，这是每一个中国人的强大的精神支柱。作为新时代的大学生，应继承伟大的民族精神，并用民族精神武装自己，巩固自己的理想信念，进而为中华民族的伟大复兴贡献自己的一分力量。当然，在新的时代，也产生了新的时代精神，如奋斗精神，这些时代精神也是我们的精神支柱，也有助于大学生的成长以及巩固其理想信念。

（二）开阔视野，阅读经典

一个人的视野在某种层面上决定着一个人的精神境界和需求层次，所以大学生不应该局限于课本和校园，而是要勇于开阔自己的视野。"'读万卷书，行万里路'，二者不可偏废。"读书、行路这也是两个开阔视野最有效的途径。对于大学生来说，课余的时间比较充裕，所以也有相对比较充足的时间去"行万里路"，这能够帮助学生有效地开阔视野。当然，"行万里路"不仅需要时间，还需要一定的经济基础，而大学生的经济来源非常有限（兼职、勤工俭学），所以大学生还需要考虑自己的经济情况。

相较于"行万里路"而言，"读万卷书"对经济的要求便低了很多，而且阅读也不受地点和时间的限制，大学生可以随时随地地阅读自己喜欢的书籍。培根曾说过："读书使人成为完善的人。"通过阅读，大学生可以看到百态的人生；通过阅读，大学生可以看到多彩的世界；通过阅读，大学生可以感受深邃的思想……当然，并不是所有的阅读都是有益的，因为有些书籍的内容对于大学生的提升非但无益，反而还会对大学生的价值观造成消极的影响，所以在阅读时，应选择经典，那些经典才能铺就大学生前进路上的阶梯，并帮助大学生开阔视野，获得精神境界的提升。

三、提升幸福的能力

幸福的能力不是天生的，而是需要后天有意识地培养。其实，大学生幸福观教育的目标就是要促使学生构建科学的幸福观，并提升大学生幸福的能力。当然，幸福能力的提升不仅需要外在教育的作用，还是学生自身的内在动力，去驱使学生自觉地提升其幸福的能力。具体而言，大学生幸福的能力可以从感知幸福、体验幸福、追求幸福、创造幸福四个方面着手，这四个方面可归结为知、情、意、行四点，这四点紧密联系，构成了大学生幸福能力体系（如图6-10所示）。

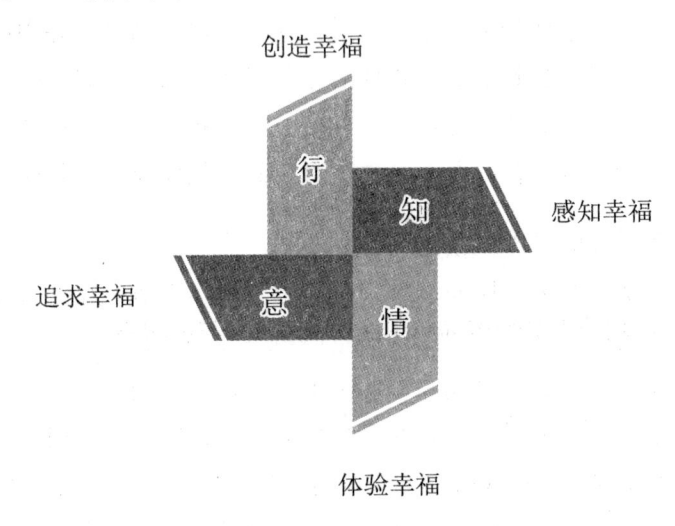

图 6-10 大学生幸福能力体系

（一）感知幸福

感知幸福是对幸福的"知"，即能够感知、察觉到幸福，这是大学生幸福能力的基础，因为如果缺失了对幸福的知觉，那么整个幸福能力体系都会受到影响。法国艺术家罗丹曾说过："世界上并不缺少美，只是缺少发现美的眼睛。"幸福有时也是如此，也许幸福就在我们身边，但由于缺少感知幸福的能力，所以看不到身边的幸福。因此，大学生首先要注重幸福感知能力的提升，具体可以从如下两个方面做出尝试。

1. 掌握幸福相关的理论知识

理论知识是认知领域中的重要概念，因为人的认知在一定程度上是需要理论知识作为支撑的，如果缺少了理论知识，人的认知便会受到限制，因此，要提升感知幸福的能力，大学生应掌握与幸福相关的理论知识。其实，在对大学生幸福观的教育中，教师会传授相关的理论知识，如马克思主义幸福观，这些理论知识对于学生感知幸福能够起到非常积极的作用。除课堂上学到的知识之外，学生还可以结合自身的实际情况去学习更多相关的理论知识，从而构建更加完善的幸福观理论体系。

2. 形成正向积极的思维

对于大学生来说，培养一种正向积极的思维也是幸福感知能力提升的一个重要支撑。因为对于同一事物，以不同的思维去看待，感知到的内容也是不同的。比如，当一个人以正向积极的思维去看待这个世界时，很多事物给个体的反馈也许是积极的、乐观的，这种积极的生命情感有助于个体产生乐观的人生态度，即便面对挫折时，也能够以一种乐观的态度去面对，甚至去战胜它，而不是退缩和逃避。反之，当一个人以消极的思维去看待这个世界时，很多事物给个体的反馈也很可能是消极的、悲观的，这种消极的生命情感容易使个体以悲观的态度去看待认识，从而会导致一系列消极情绪的产生，如嫉妒、自卑、恐惧等，这显然无助于幸福的活动，更无助于科学幸福观的构建。因此，大学生应有意识地引导自己的思维，使自己形成正向积极的思维，从而在积极的生命情感中感知到更多的幸福。

（二）体验幸福

体验幸福是对幸福的"情"，表现为一种积极愉快的情感体验。在感知幸福的基础上，大学生还应该学会体验幸福，这样可以加深幸福对个体的反馈，从而形成积极的情感体验。具体而言，大学生的幸福体验主要体现在如下两个方面。

1. 以积极的态度迎接幸福

在感知到幸福的时候，以怎样的态度去面对幸福是非常重要的。如果因为畏惧、自卑等心理去逃避幸福，那么无疑会错失幸福体验的机会，自然也无法从幸福本身得到积极的反馈。其实，幸福体验就是一个个体与幸福相互作用的过程，在这个过程中，幸福本身会给予个体积极的反馈，而个体则会在积极的反馈中形成积极的情感体验，并且加深对幸福的认知。因此，在面对幸福时，大学生应该学会以积极的态度去面对幸福、迎接幸福，这样才能更好地体验幸福。

2. 与他人分享幸福

正所谓"独乐乐不如众乐乐"（出自《孟子·梁惠王下》），幸福其实也是如此，一个人幸福不如大家一起幸福。因为无论是快乐还是幸福，都具有主观性，而且也具有情感体验性，所以当不同个体幸福叠加的时候，会产生 1+1+…+1+1 > n 的效果，因此，在感知到幸福的时候，大学生可以尝试将幸福与他人分享，让大家一起感受幸福。其实，每个人都是乐于分享的，尤其喜欢分享快乐和幸福的事情，当我们向他人分享幸福的时候，也很可能会从他人那里得到他们分享的幸福，此时，彼此分享的个体便得到了双倍的幸福。因此，在个体体验幸福的时候，不妨将自己的幸福与他人分享，从而在分享中收获更多的幸福。

（三）追求幸福

追求幸福是对幸福的"意"，表现为大学生追求幸福的方式和在幸福追求路上的坚强意志。很多时候，幸福并不会凭空出现，需要大学生去主动追求，而在追求幸福的过程中，则需要大学生采用合理的方式去追求幸福，同时还需要具备坚强的意志。

1. 合理追求幸福

追求幸福的方式很多，正所谓"条条大路通罗马"，无论采取哪种方式，只要能够到达幸福的罗马城，便可以进行尝试。当然，在选择追求幸福的路径时，有一个原则是必需要遵守的，那就是合理性。关于这一点，笔者在前面便有过论述，即个体在追求自己的幸福时，不能不择手段，不能以危害他人和社会的利益为代价，这样追求到的幸福也不能持久。因此，在追求幸福时，大学生应坚持底线，采取合理的方式去追求幸福，从而获得真正的、持久的幸福。

2. 具备坚强的意志

追求幸福的道路不可能是一帆风顺的，甚至可能是崎岖的，在这条道路上，如果大学生的意志不够坚定，很可能会中途放弃，最终自然不能获得幸福。正所谓"路漫漫其修远兮，吾将上下而求索"（出自《离骚》），人生的道路本身就不是平坦的，追求幸福的道路更不可能一帆风顺，我们只有坚持不懈地探索，才可能到达成功的彼岸，也才可能获得最终的幸福。因此，当大学生踏上追求幸福的道路时，就需要抱着坚定的决心，并用坚强的意志去战胜种种困难，从而到达幸福的彼岸。

（四）创造幸福

创造幸福是对幸福的"行"，表现为具体的实践行动，并在实践行动中收获幸福。在追求幸福的道路上，路径的选择决定着幸福追求的方向，坚强的意志则促使大学生坚定不移地朝着这个方向前进，而在这个过程中还需要具体的行为，这些行为是创造幸福的关键。那么如何创造幸福呢？依据马克思主义幸福观和习近平同志提出的奋斗幸福观可知，幸福的创造离不开劳动和奋斗。

马克思主义幸福观强调劳动和创造相互结合，对劳动创造价值予以了高度肯定。马克思认为，人是劳动的产物，劳动创造了人类生存所需要的全部物质条件和精神条件。无论是对于个人还是对于社会，劳动都是一切活动的前提，如果停止了劳动，那么人类生存最基本的问题——吃、穿、住，便得不到解决，人类便会走向灭亡。因此，人类必须要进行劳动，必须要从事生产劳动，从而支撑人类的生存和发展。另外，劳动推动着社会的发展。在推动社会发展的诸多因素中，劳动是根本性的因素，也是决定性的因素，缺少了劳动，社会的发展便会停滞。

习近平同志的奋斗幸福观强调奋斗是幸福的源泉，幸福的实现需要奋斗。习近平同志曾多次强调，幸福都是奋斗出来的，奋斗本身就是一种幸福，只有奋斗的人生才称得上是幸福的人生，新时代就是奋斗的时代。[1] 幸福是人类的共同追求，奋斗是为了满足人们的某种需要或某种目的而进行的实践活动，其最终的根本目的是为了追求幸福。奋斗是幸福的源泉，幸福是奋斗的目标，两者是不可分割的有机整体。尤其在新的时代，人们只有在奋斗中才能真正实现获得幸福的现实性和可能性。

---

[1] 习近平. 习近平在2018年春节团拜会上的讲话 [N]. 四川日报 .2018-02-15（002）.

由此可见，在新的时代，大学生需要用劳动观和奋斗幸福观去武装自己，并脚踏实地地践行在实际行动中，从而在不懈的奋斗中依靠自己的双手创造出属于自己的幸福。

参考文献

[1] 高远. 当代大学生幸福感提升 [M]. 南京：南京大学出版社，2018.

[2] 王艺，苏建鹏，郭焕敏. 大学生幸福感的理论与实践研究 [M]. 武汉：湖北科学技术出版社，2017.

[3] 申锋. 大学生幸福观教育研究：基于生态幸福观理论视角的分析 [M]. 徐州：中国矿业大学出版社，2012.

[4] 柏路. 思想政治教育研究文库：大学生马克思主义幸福观教育研究 [M]. 北京：中国书籍出版社，2015.

[5] 张懿. 大学生主观幸福感实证研究 [M]. 北京：人民日报出版社，2019.

[6] 孙颖. 思想政治教育柔性化与大学生心理幸福感 [M]. 北京：中国社会科学出版社，2012.

[7] 潘姗姗. 新时代大学生幸福观教育的价值维度和实现路径 [J]. 长江大学学报（社会科学版），2020，43（1）.

[8] 潘姗姗. 新时代青少年幸福观的培育价值及其路径 [J]. 中学政治教学参考，2021（15）.

[9] 潘姗姗. 新时代幸福观对马克思幸福思想的继承与发展 [J]. 闽南师范大学学报（哲学社会科学版），2020，34（2）.

[10] 张美容，潘姗姗. 新时代中国特色社会主义幸福观的理论维度及逻辑理路 [J]. 长春师范大学学报，2020，39（11）.

[11] 潘姗姗. 新时代中国特色社会主义幸福观理论内涵及价值探究 [J]. 沈阳农业大

学学报（社会科学版），2020，22（3）．

[12] 白洁．当代大学生幸福感与思想政治教育研究：以山西农业大学软件学院为例[J]．时代报告，2021（1）．

[13] 王飞飞．习近平奋斗幸福观对大学生幸福观教育的启示[J]．江西广播电视大学学报，2020，22（4）．

[14] 徐志丽．优秀传统文化融入大学生幸福观教育的研究[J]．汉字文化，2020（增刊S1）．

[15] 阳财婷，刘纯明，李青嵩．马克思主义幸福观对当代大学生幸福观教育的启示[J]．牡丹江教育学院学报，2020（11）．

[16] 徐晓宁．地方优秀传统文化对大学生幸福观教育的价值研究：以皖江文化为例[J]．佳木斯大学社会科学学报，2020，38（5）．

[17] 董金芳．新时代视域下大学生幸福观培育研究[J]．湖北开放职业学院学报，2020，33（19）．

[18] 蔡虹，孙亚楠，许寒冰．我国大学生幸福观教育研究的热点状况分析：基于2008—2018年CNKI文献的共词分析[J]．卫生职业教育，2020，38（14）．

[19] 杨云飞，李牡丹．哲学视野下当代民办高校大学生的幸福观教育[J]．山西高等学校社会科学学报，2014，26（12）．

[20] 邓先奇．马克思主义幸福观指引下的大学生幸福观教育论略[J]．学校党建与思想教育，2014（6）．

[21] 梁文宁，黄果颖，孙继静．当代女大学生幸福观的现状调查及教育对策研究[J]．教育教学论坛，2018（1）．

[22] 徐晓宁．新时代大学生幸福观教育的新思考[J]．思想理论教育导刊，2017（12）．

[23] 车少辉，张懿，韩新春．大学生幸福观教育实验分析[J]．高校辅导员学刊，2021，13（5）．

[24] 田米香，周九香．思想政治教育视域下贫困大学生幸福观教育路径探析[J]．南方论刊，2020（1）．

[25] 程倩．新时代大学生幸福感教育研究：基于积极心理学PERMA模型视角[J]．山西青年职业学院学报，2019，32（4）．

[26] 刘彩梅，孙俊芳，李强．当代大学生的幸福观教育刍议[J]．湖北开放职业学院

学报，2019，32（20）．

[27] 周青龙．社会主义核心价值观视域下大学生幸福观教育研究[J]．价值工程，2016，35（29）．

[28] 何林．民族地区大学生幸福观教育的路径思考[J]．玉林师范学院学报，2016，37（4）．

[29] 张英．试论新时代大学生马克思主义幸福观教育[J]．时代报告，2019（9）．

[30] 敖民．简析当代大学生的幸福观教育[J]．内蒙古教育，2019（24）．

[31] 凡锐丽．试分析如何加强当代大学生幸福观教育[J]．长江丛刊，2019（23）．

[32] 王玮，徐晓宁．传统与现实交融：大学生幸福观教育的新境界[J]．池州学院学报，2019，33（3）．

[33] 黄刚．新时代大学生幸福生活观教育的困境与对策[J]．大学教育，2019（7）．

[34] 左丹丹．当代大学生马克思主义幸福观教育策略研究：评《大学生马克思主义幸福观教育研究》[J]．中国青年研究，2019（6）．

[35] 商志霞．试论新时代大学生创新创业奋斗幸福观教育[J]．湖北师范大学学报（哲学社会科学版），2019，39（3）．

[36] 柴于博．浅析高校思想政治理论课中大学生的幸福观教育[J]．长江丛刊，2021（7）．

[37] 许晶，韩贞爱．当代大学生幸福观存在的问题及对策研究[J]．农村经济与科技，2019，30（6）．

[38] 柳斌，王心亮．积极心理学视角下大学生的幸福观教育路径探究[J]．创新创业理论研究与实践，2019，2（1）．

[39] 白鹏飞，王心亮．大学生多元幸福观教育系统建构[J]．创新创业理论研究与实践，2019，2（1）．

[40] 田米香．贫困大学生幸福观教育现状微探[J]．市场论坛，2018（11）．

[41] 邓姗．当代大学生幸福观现状调查及其教育研究[J]．现代职业教育，2018（30）．

[42] 陈昊．"幸福生活观"视阈下大学生思想政治教育研究[J]．智库时代，2018（30）．

[43] 王璐璐．基于大学生马克思主义幸福观教育研究[J]．课程教育研究，2018（20）．

[44] 张玲．基于弗洛姆幸福思想视角谈当代大学生幸福观教育[J]．教师，2015（35）．

[45] 李映. 当代大学生幸福观教育的探索与实践 [J]. 教育现代化, 2015（15）.

[46] 张玲, 程洁婷. 增强大学生幸福观教育时效性的有效途径探析 [J]. 智富时代, 2018（4）.

[47] 丰大双. 美国高校大学生幸福观教育的经验及启示 [J]. 未来与发展, 2018, 42（3）.

[48] 罗小苹. "微时代"视域下大学生幸福观教育对策探析 [J]. 武汉冶金管理干部学院学报, 2018, 28（1）.

[49] 张天娇, 孙树桐. 加强大学生幸福观教育的对策 [J]. 锦州医科大学学报（社会科学版）, 2018, 16（1）.

[50] 丰大双. 传播学视域对当代大学生幸福观教育的理论借鉴和实践应用 [J]. 未来与发展, 2018, 42（1）.

[51] 钱佳蓓. 浅析大学生幸福观教育与思想政治教育的关系 [J]. 教育现代化, 2020, 7（56）.

[52] 钱佳蓓. 奋斗视域下当代下大学生幸福观教育 [J]. 湖北开放职业学院学报, 2020, 33（5）.

[53] 张天娇. 浅析大学生幸福观教育的主要内容 [J]. 吉林广播电视大学学报, 2017（12）.

[54] 张天娇, 孙树桐. 大学生幸福观教育存在问题及对策 [J]. 海南广播电视大学学报, 2018, 19（1）.

[55] 王晓虹. 一堂大学生幸福观教育课的内容设计 [J]. 黑河学刊, 2016（6）.

[56] 文婷. 网络文化对高职院校大学生幸福观教育的影响研究 [J]. 现代职业教育, 2016（30）.

[57] 陈伯玉. 当代大学生幸福观教育的困境及对策 [J]. 福建茶叶, 2019, 41（10）.

[58] 韩剑尘, 周良发. 幸福来敲门: 高校思想政治理论课"四课"教材幸福观教育赜探: 以"思想道德修养与法律基础（2018版）"为中心 [J]. 成都大学学报（社会科学版）, 2019（5）.

[59] 蒙晓影. 积极心理学视角下高校大学生幸福观教育 [J]. 船舶职业教育, 2016, 4（4）.

[60] 郭丽圆.论古希腊幸福思想及其对大学生幸福观教育的启示[J].青春岁月，2016（7）.

[61] 李平，仝立强，魏垚.90后大学生幸福观教育引导研究[J].中国青年社会科学，2016，35（2）.

[62] 谭箭，黄美姣，刘雅妮.试论加强大学生幸福观教育的意义[J].商业故事，2016（6）.

[63] 李曦，严荷君.当代大学生的幸福教育研究：以华东交通大学人文学院学生为例[J].内蒙古师范大学学报（教育科学版），2016，29（2）.

[64] 钟金雁，杨泽泉.云南边疆民族地区大学生幸福观教育探析[J].大理大学学报，2018，3（5）.

[65] 于晓霞.试论高校大学生生态幸福观教育[J].漯河职业技术学院学报，2018，17（3）.

[66] 覃青必.亚里士多德的幸福思想及其对大学生幸福观教育的启示[J].高教论坛，2015（2）.

[67] 张兆林.当代大学生幸福观教育的有效策略[J].哈尔滨学院学报，2015，36（02）.

[68] 付盛松.高职院校大学生幸福就业观教育和法制教育的结合研究[J].继续教育研究，2015（1）.

[69] 毕昌萍，刘家蕾.新时代高校思政课加强大学生幸福观教育的路径探析[J].浙江理工大学学报（社会科学版），2020，44（5）.

[70] 张英.新时代大学生马克思主义幸福观教育研究[D].信阳：信阳师范学院，2021.

[71] 任小琴.当代中国大学生幸福观养成教育研究[D].成都：电子科技大学，2019.

[72] 高歌.优秀传统文化视域下的大学生幸福观教育研究[D].沈阳：沈阳航空航天大学，2016.

附录一

大学生幸福观调查问卷

您好,感谢您参与本次问卷调查,本问卷采取匿名方式,您可以结合您的实际情况选择回答。本调查仅用于学术研究,感谢您的支持与参与。

1. 您的性别?
A. 男   B. 女

2. 您所学的专业?

3. 您认为幸福与金钱的关系?
A. 相关性很大,金钱越多,获得的幸福越多
B. 有相关性,金钱是幸福的重要组成部分,但不是唯一
C. 没有关系,幸福是主观感受,与物质无关
D. 其他(可简述)

4. 您认为幸福与道德的关系是?
A. 道德是幸福的根基,缺少道德的幸福不能持久

B. 道德可有可无

C. 道德与幸福毫无关系

D. 其他（可简述）

5. 您认为幸福与能力的关系是？

A. 能力越强越幸福

B. 能力是获得幸福的一个重要条件

C. 能力与幸福无关

D. 其他（可简述）

6. 您认为个人幸福与国家发展的关系是？

A. 关系非常紧密，国家强大了，个人才可能更加幸福

B. 关系一般，国家发展对个人幸福也许会起到作用，但作用不大

C. 没有任何关系，个人的幸福完全依靠自己的努力

D. 其他（可简述）

7. 对于"知足者常乐"这一观点，您的态度是？

A. 非常赞同　　B. 比较赞同　　C. 比较反对

D. 非常反对　　E. 不清楚

8. 您认为个人幸福和社会（国家）幸福哪个更重要？并简要说明原因。

A. 个人幸福更重要

B. 社会（国家）幸福更重要

C. 两种应和谐统一

9. 您认为物质幸福和精神幸福哪个更重要？并简要说明原因。

A. 物质幸福更重要

B. 精神幸福更重要

C. 两种应和谐统一

10. 您认为创造幸福和享受幸福哪个更重要？并简要说明原因。

A. 享受幸福更重要

B. 创造幸福更重要

C. 两种应和谐统一

11. 您认为幸福的主要因素有哪些？（可多选）

A. 身心健康　B. 学业有成　C. 和谐的人际关系

D. 物质丰富　E. 精神富足　F. 有目标和信仰

G. 家庭和睦　H. 具有完善的人格

I. 就业前景明朗 J. 能够为家庭和社会创造价值　K. 其他

12. 您认为实现幸福的途径是？

A. 依靠父母和朋友

B. 依靠自己的努力和奋斗

C. 依靠依据

D. 其他

13. 您认为自己现在幸福吗？

A. 非常幸福　　B. 比较幸福　　C. 一般幸福

D. 不幸福　　　E. 非常不幸福

14. 您认为当代大学生的幸福观是否积极健康？

A. 非常积极健康　　　B. 比较积极健康

C. 有点消极和病态　　D. 非常消极和病态

15. 您认为有必要对大学生开展幸福观教育吗？

A. 非常有必要　　B. 比较有必要　　C. 可有可无

D. 没必要　　　　E. 非常没必要　　F. 说不清

16. 您认为针对大学生开展幸福观教育的必要性在于？（可多选）

A. 有助于大学生的成长与发展

B. 有助于社会主义核心价值观的践行

C. 有助于中国梦的实现

D. 有助于构建和谐的校园环境与氛围

E. 其他

17. 您认为您所在学校在大学生幸福观教育中还存在哪些不足？

A. 教育理念陈旧　　B. 教育内容缺乏系统性

C. 教育方法单一　　D. 教育效果缺乏实效性

E. 其他

18. 您对于当代大学生的幸福观教育有什么看法或建议？

再次感谢您的支持与参与！